Zu diesem Buch

Daniel Goeudevert galt als «Paradiesvogel» unter den Topmanagern der Branche. Er hatte Literaturwissenschaft an der Pariser Sorbonne studiert, bevor er Autoverkäufer wurde und damit eine märchenhafte Karriere begann: Vorstandsmitglied bei Citroën Deutschland, Generaldirektor bei Renault Deutschland, Vorstandsvorsitz der deutschen Fordwerke und dann – bis zu Ferdinand Piëch – im Konzernvorstand von VW.

Er hatte Erfolg als «genialer Verkaufs- und PR-Künstler», galt als Kronprinz von Carl Hahn, veranstaltete Kunstspektakel mit HA Schult und ließ Gorbatschow in den Werkshallen von Wolfsburg auftreten. Er verstand seine Führungsaufgabe auch als gesellschaftliche Verpflichtung und gründete nach dem Zusammenbruch der sozialistischen Regime eine internationale Initiative zur Zusammenarbeit von Wirtschaft und Politik. Die Branche verstörte er zunehmend durch seine unorthodoxen Ideen. Er erklärte öffentlich, daß er mit einem Tempolimit leben könne und kritisierte die «perverse» Entwicklung von immer schnelleren «High-Tech-Produkten für eine finanzielle Elite».

Selten ist so offen und selbstkritisch über die Welt der Vorstandsetagen berichtet worden: über verkrustete hierarchische Strukturen, Drohungen aus der Branche, aber auch über die eigenen Fehler und den wachsenden Autismus auf dem Weg nach oben.

Der Autor

Daniel Goeudevert, geboren 1942 in Reims. Nach seinem Ausscheiden bei VW 1993 ist Goeudevert heute Vizepräsident von Green Cross International und widmet sich dem Aufbau einer neuen Manager-Schule in Dortmund, in der auch soziale Kompetenz, Kritik- und Teamfähigkeit zum Lehrplan gehören – Eigenschaften, die seiner Meinung nach die wenigsten Manager besitzen.

Daniel Goeudevert

Wie ein Vogel
im Aquarium

Aus dem Leben
eines Managers

Rowohlt

Veröffentlicht im Rowohlt Taschenbuch
Verlag GmbH, Reinbek bei Hamburg, Mai 1998
Copyright © 1996 by Rowohlt · Berlin Verlag GmbH, Berlin
Umschlaggestaltung Walter Hellmann
(Foto: J. H. Darchinger)
Gesamtherstellung Clausen & Bosse, Leck
Printed in Germany
ISBN 3 499 60440 x

Wer kriecht, kann
nicht stolpern.

Claude Weets

Inhalt

Renault oder Wie ich das Stolpern lernte

Ford oder Der Topmanager im Spiegelkabinett

Volkswagen oder Der Beginn der neuen Zeit

Der neue Anfang oder Die Sehnsucht
nach dem großen, weiten Meer

Vorwort

«Menschliche Eigenschaften wie Güte,
Großzügigkeit, Offenheit, Ehrlichkeit, Verständnis
und Gefühl sind in unserer Gesellschaft Symptome
des Versagens. Negativ besetzte Charakterzüge
wie Gerissenheit, Habgier, Gewinnsucht,
Gemeinheit, Geltungsbedürfnis und Egoismus
hingegen sind Merkmale des Erfolges. Man
bewundert die Qualität der ersteren und begehrt
die Erträge der letzteren.»

John Steinbeck

Eine Autobiographie zu schreiben ist ein schmerzhafter
Prozeß. Es ist, als ob man sich selbst am offenen Herzen operiert – ein chirurgischer Eingriff bei vollem Bewußtsein, bei
dem der Patient auch noch selbst das Skalpell führt.

Warum habe ich mir das dennoch antun wollen?

Eine Karriere ist nie die Geschichte *einer* Person: Sie ist
immer die Geschichte von vielen, Bekannten und Unbekannten, die dazu beigetragen haben, daß einer etwas Besonderes leisten konnte. Der Erfolg ist auch eine Verpflich-

tung, sich an diejenigen zu erinnern, ohne die das Gelingen nicht möglich gewesen wäre. Ich möchte dieses Buch deshalb auch als Ausdruck meiner Dankbarkeit verstanden wissen.

Aber ich wollte mir mit diesem Buch auch Klarheit darüber verschaffen, woher ich gekommen bin und wer ich war.

Mein Weg hinein in die Welt des sogenannten Topmanagements hat selbst im Rückblick noch etwas Rätselhaftes an sich – ich empfand mich wie eine Märchenfigur, die unabsichtlich und ohne es zu wollen vom Schicksal vorangeschoben wird und für die sich am Schluß, allen Fährnissen zum Trotz, alles zum Guten wendet.

Ganz so märchenhaft endete mein Weg nicht. Mein Ausscheiden bei VW erfolgte eher abrupt.

Der Bruch mit einer Welt, die für Jahrzehnte auch meine gewesen war, zeitigte Folgen, die mich zum Nachdenken zwangen und meinen Blick auch auf mein eigenes Tun und Handeln veränderten.

Während man über Jahre hinweg nur mit sich selbst konfrontiert und der Weg nach oben auch von einem zunehmenden Maß an Narzißmus und Autismus begleitet war, erzwingt das Schreiben eine andere Art der Selbstwahrnehmung: Man durchschreitet plötzlich den Spiegel der Selbstgefälligkeit, den man vor sich hatte, und sieht sich aus einer neuen, fremden Perspektive. Man erkennt auch die Beschädigungen, die man sich selbst und anderen auf diesem Weg zugefügt hat. Man entdeckt ein neues, zuweilen prekäres Selbst. Dieses anzunehmen ist eine Form der Selbstliebe, die Oscar Wilde gemeint haben muß, als er so treffend bemerkte, sich selbst zu lieben sei die sicherste Art, sein ganzes Leben geliebt zu werden.

Und Liebe braucht jeder, egal ob Manager oder Handwerker. Oft werden zwar andere Begriffe genannt: Da ist die Rede von Verständnis, Sympathie, Achtung oder Respekt. Doch in der Semantik dieser Wörter schwingt immer Emotionales mit, ist Liebe immer mehr oder weniger mit gemeint.

Es heißt, Leistung sei die Voraussetzung zu Zufriedenheit und Glück. Das glaube ich nicht. Die Erfahrung hat mich das Gegenteil gelehrt: Nur Menschen, die sich geliebt wissen, können große Leistungen vollbringen.

Ich mag die Menschen und habe mich wohl deshalb in allen meinen beruflichen Aktivitäten immer auch gefühlsmäßig engagiert.

Dabei verwechselte ich oft das Subjekt mit seinem Schatten, den Schein mit der Realität. Für bare Münze nahm ich etwa die Reaktionen auf meine Witze oder auch die kommentarlose Zustimmung zu meinen Analysen.

Ich vermochte das höfische Zeremoniell nicht zu durchschauen, das auf der Vorstandsetage herrscht. Ich erkannte nicht, daß man dem Chef aus Prinzip nicht widerspricht und um ihn herum ein goldenes Gefängnis baut, das ihm unversehens zum Verhängnis werden kann.

Der Mächtige weiß oft genug nichts von der schweren Goldkrone, die er trägt, und die Beziehung zu seinen Lakaien scheint ungetrübt – solange er auf dem Thron sitzt. Er bekommt alles, was er will. Er umgibt sich mit einer Entourage nach seinem Geschmack und empfängt Menschen aus aller

Welt, die den Kontakt zu ihm suchen. Im Glauben, daß das alles mit seiner eigenen Person zu tun habe, entfernt er sich weiter und weiter von der Realität des menschlichen Lebens. Sein Schatten wird überlebensgroß, bis dahinter alles verschwindet: die Wirklichkeit, die anderen, und auch er selbst – bis er im wahrsten Sinne des Wortes ein Schatten seiner selbst wird.

Wie wirklich ist die Wirklichkeit des Managers noch an dem Tag, da er geht oder gehen muß und glaubt, mit dem Abschied von seinem prächtigen Schreibtisch und anderen äußerlichen Insignien seiner Herrlichkeit sei die Trennung vollzogen?

Als ich bei VW ausschied, glaubte ich zuversichtlich an die Fortdauer zumindest eines großen Teils der Beziehungen, die sich über die Jahre entwickelt hatten. Ich irrte. Ich hatte mir eingebildet, zu denen, um die es mir ging, ganz normale und nicht zu irgendwelchen Zwecken funktionalisierte zwischenmenschliche Beziehungen zu haben. Die Ernüchterung ließ nicht lange auf sich warten. Schon in den Tagen unmittelbar vor meinem Ausscheiden, als ich auf Wiedersehen sagen wollte, meldete sich dieser oder jener nicht. Ich verstand nicht warum, ich hatte doch nur adieu sagen wollen.

Später habe ich bei verschiedenen Gelegenheiten und aus unterschiedlichen Gründen – aber gewiß nie auf der Suche nach irgendwelchen Vorteilen – versucht, Fäden, die gerissen waren, von neuem zu knüpfen. Und ich mußte die Erfahrung machen, daß was einmal selbstverständlich, mit einemmal unglaublich schwierig, meistens unmöglich geworden war.

Beim ersten Anruf meldet sich freundlich die langjährige Sekretärin – der Chef sei leider gerade nicht frei. Dafür hat man Verständnis. Man ruft wieder an und realisiert, wie unabdingbar ein Sekretariat offensichtlich für den Schutz eines großen Mannes oder einer großen Frau ist. Dieses zweite Telefongespräch wird dann schon nach allen Regeln der Kunst der Ausrede geführt. Kaum einer der Großen hat den Mut, selbst zum Hörer zu greifen, um sich für seinen Zeitmangel zu entschuldigen, geschweige denn, diesen zu begründen.

Man erhält erst gar keine Chance zu erklären, daß es nur um das schlichte zwischenmenschliche Anliegen geht, einen abgerissenen Faden wiederaufzunehmen. Warum in aller Welt soll es denn nicht möglich sein, solche Beziehungen wieder anzuknüpfen und weiterzuentwickeln? Bin ich naiv, daß ich diese abrupte Verhaltensänderung nicht verstehen kann? Das waren doch Kollegen, mit denen so oft, über das Berufliche hinaus, persönliche Gespräche von Mensch zu Mensch geführt worden sind.

Ich kann mir lebhaft vorstellen, daß auch andere in meiner Situation jenes Gefühl kennen, plötzlich persona non grata zu sein, als sei man von einer ansteckenden Krankheit gezeichnet, Träger eines gefährlichen Virus, der nur auf den Tag des Abschieds gelauert zu haben scheint, um dann sofort auszubrechen. Mit einem entthronten Herrscher wollen jene, für die er jahrelang ein wichtiger Partner war, nichts mehr zu tun haben.

Man sagt, daß für gewisse Positionen ungeeignet sei, wer sich kein dickes Fell wachsen lasse. Nun, ein solcher Pelz schützt vielleicht gegen die Verletzbarkeit durch andere. Ich räume auch ein, daß sich hinter der Dickfelligkeit nicht zwingend ein abgebrühter und mit allen Wassern gewaschener Typ verbergen muß. Aber bei so einem Dickhäuter kann es auch zu einem Abbau der Empfindsamkeit kommen. Auch ein dickes Fell läßt irgendwann die Realität des Lebens nicht mehr bis in jene Zonen des eigenen Selbst vordringen, wo sie erst spürbar, fühlbar, erfahrbar wird. Die Gefahr, daß so einer bald ähnlich handelt wie die, gegen die er sich schützen wollte, ist groß. Das nächstemal ist er es, der Kontakte unvermittelt abbricht und Leid und Schmerz im eigenen Kreis verschuldet.

Ich werde immer wieder gefragt, ob ich meine mit Perserteppichen ausgelegte Wolfsburger Bürosuite nicht vermisse. Es sind wahrhaftig nicht diese Attribute einer hohen Position, die mir heute fehlen. Es bedeutet für mich überhaupt kein Problem, von dort in einen schlichten Bungalow umzuziehen, wo ich meinen Schreibtisch stehen habe. Mir ein eigenes Büro einzurichten, darauf habe ich bewußt verzichtet.

Aber was mich bis heute noch beschäftigt, ist dieses seltsame Verhalten der sogenannten oberen Etage, der Führungskräfte.

Aber auch die Welt des «Normalen», der Menschen, für die man Autos gebaut und Presseerklärungen unterschrieben hat, um die man geworben hat, damit sie das eigene Produkt kaufen, ist einem fremd geworden. Kehrt man eines Tages in *diese* Welt zurück, so stellt man fest, daß man sie nicht mehr kennt.

Das hat natürlich auch private Konsequenzen. Ohne Team und ohne die stützenden Stäbe des goldenen Käfigs muß man sein eigenes Gleichgewicht in Harmonie mit demjenigen des Partners oder der Partnerin finden. Auf diesen schwierigen Prozeß ist man nicht im geringsten vorbereitet.

Der Manager ist menschlich gehandikapt, um nicht zu sagen: ein Krüppel, und zwar nicht weil es ihm an irgend etwas fehlte, sondern weil er zuviel hatte und überdies geglaubt hat, alles zu haben: Geld, Macht, Erfolg, Anerkennung, viele Kontakte, Beziehungen zu Menschen, die ihm dauernd bestätigen, wie gut er sei.

Dieses wonnige Gefühl, dessen er sich so sicher wähnte, ist eine Illusion, ein Schein. Es sind die vielen Dinge, die ihn arm machen. Er hat in einer Welt gelebt, die ihn den Bezug zu anderen Welten hat verlieren lassen. Das Problem des ausscheidenden Managers ist deshalb weniger ein Imageverlust als vielmehr ein Identitätsverlust.

Das Bild, das gemeinhin vom Spitzenmanager existiert, ist ein Mythos. Er wird – trotz aller Kritik, die gerade in jüngster Zeit aufgrund der Vorgänge um «Vulkan» oder Mercedes laut geworden ist – auf einen Sockel gestellt, der bei einem Absturz zwangsläufig eine beträchtliche Fallhöhe aufweist. Die irreale Welt des Scheins, die ihn umgibt – nicht weil er seine Sache gut macht, sondern schon aufgrund der Tatsache, daß er der Chef ist –, läßt ihn früher oder später die «Bodenhaftung» verlieren. Er sieht, was andere in ihm zu sehen scheinen – die Spiegel der Selbstgefälligkeit, die seine Entourage eifrigst putzt, zeigen immer nur einen Kaiser in prächtigen Gewändern, auch wenn dieser schon nackt und bloß ist. Der Preis, den zahlen muß, wer aus diesem engmaschigen Netz des Narzißmus herausfällt, ist hoch – eine radikale psychosoziale Krise. Der Selbstmord des geschaßten Mercedes-Managers ist in dieser Kaste kein Einzelfall.

Aber weder geht es mir in diesem Buch um quälende psychologische Selbstdiagnosen, noch dürfte ausgerechnet ich, der doch viele Jahre in dieser Welt mitgemacht und mitgespielt hat, zu einer gnadenlosen Abrechnung mit ihren Verlogenheiten ausholen. Wohl aber möchte ich insoweit am Mythos kratzen, als ich auch die Wirklichkeit des Managements beschreibe, die doch häufig prosaischer und banaler, mit Fehlern und Schwächen behaftet und letztlich viel «normaler» ist, als das Getue von innen *und* außen glauben läßt. Ich möchte durch meine Beschreibung ein Stück Realitätshaltigkeit in diese Welt zurücktragen, auch damit darüber nachgedacht werden kann, was sich in ihr ändern müßte.

Jenseits all dieser psychologischen Selbstdiagnosen glaube ich darüber hinaus, daß mein europäischer Lebenslauf eine Erzählung wert ist, besonders wenn ich sehe, wie fragil dieses Europäische Haus immer noch ist, in dem selbst die vermeintlich stabilen Beziehungen zwischen Frankreich und Deutschland bei der geringsten Unstimmigkeit umzukippen drohen. Ich möchte zeigen, daß eine *europäische* Karriere eine Selbstverständlichkeit, eine alltäglich von vielen gelebte und erfahrene Realität werden muß, wenn dieses Europa nicht nur rhetorisch propagiert, sondern wirklich Einheit werden will.

Und letztendlich verstehe ich meine Autobiographie auch als eine Liebeserklärung an Deutschland. Dieses Land und sein Volk haben mir eine Möglichkeit gegeben, aus der eine Lebensgeschichte wurde, und aus mir das gemacht, was ich heute bin: ein glücklicher Sisyphos.

Kindertage

Auf jeden Fall hat die herrliche Wärme, die über
meiner Kindheit herrschte, keinerlei Ressentiments
in mir aufkommen lassen. Ich lebte in begrenzten
Verhältnissen, aber auch in einer Art Genuß.

Albert Camus

Ein Kind mit roten Haaren

Anfang des Jahres 1942 wurde ich in Reims, Zentrum der Champagne und Metropole der Champagnerherstellung, geboren. Ich sollte Francis heißen.

Auf dem Weg zum Rathaus, wo er meinen Namen melden sollte, begegnete mein Vater einem Freund, dem er stolz von der Geburt seines Sohnes erzählte, den er sich so lange schon gewünscht hatte.

«Wie soll er denn heißen?» fragte der Freund.

«Francis», antwortete mein Vater.

«Um Gottes willen!» rief der Freund entsetzt. «Das ist ja ein furchtbarer Name.»

«Wie soll ich ihn denn nennen?» fragte mein Vater verstört.

«Nenn ihn doch Daniel! Der Name wäre viel besser», erwiderte der Freund mit Bestimmtheit.

Mein Vater ließ sich überreden, und so erhielt ich den Namen Daniel.

Mein Vater war Gendarm, Mitglied eines traditionsreichen Gendarmeriekorps, das bereits unter Napoleon gegründet worden war, um die Landbevölkerung zu unterstützen.

Tag für Tag war er mit dem Fahrrad unterwegs zu den einsamen Gehöften, eine Arbeit, die schlecht bezahlt wurde. Er machte nie viele Worte, war aber sehr hilfsbereit. Seine Kontakte zur ländlichen Bevölkerung halfen uns, den Krieg zu überstehen; als es in den Geschäften kaum noch etwas zu kaufen gab, brachte er abends, wenn er heimkam, immer etwas zu essen mit.

An die frühe Zeit meiner Kindheit habe ich nur sehr spärliche Erinnerungen. Vorlaut und frech soll ich gewesen sein. Meine Mutter erinnert sich noch heute an manch peinliche Situation, in die sie durch mich geriet.

So kam beispielsweise eine Frau aus der Nachbarschaft regelmäßig, um unsere Nähmaschine auszuleihen. Meinen Eltern war ihr häufiges Erscheinen nicht recht, doch behielten sie ihren Unmut für sich. Ich kannte solche Hemmungen nicht. Und als die Frau eines Tages wieder erschien, glaubte ich sie aufklären zu müssen: «Sie wollen also schon wieder die Maschine holen», stellte ich mißbilligend fest und fügte hinzu: «Das ist das letztemal, daß Sie diese Maschine bekommen. Sie gehen uns auf den Zwirn.»

Meine Mutter brachte diese Szene in große Verlegenheit, und sie vermied es fortan, mich an häuslichen Gesprächen zu beteiligen.

Aus heutiger Perspektive sehe ich in meinem frechen Mundwerk den Versuch eines Kindes, seine Männlichkeit einzuklagen und wahrnehmbar zu machen. Ich wurde erzogen wie meine zwei älteren Schwestern, eben wie ein Mädchen. Dazu gehörte auch, daß meine Mutter sich weigerte, mein Haar schneiden zu lassen, das mir in langen roten Locken über die Schultern fiel.

Statt mich nun zurückhaltend zu geben und die Aufmerksamkeit der Leute nicht gleich auf mein ungewöhnliches Aussehen zu lenken, betonte ich dieses noch durch mein extrovertiertes Auftreten. Ich ging auf alle möglichen Menschen zu, klopfte ohne Hemmungen an die Türen ihrer Häuser, nur um mich mit ihnen zu unterhalten. Ich hungerte nach menschlichen Kontakten.

Als General Eisenhower 1945 in einer Schule in Reims sein Hauptquartier errichtete, schloß ich Freundschaft mit einem schwarzen amerikanischen Soldaten, der meine Anhänglichkeit mit Kaugummi und Schokolade belohnte.

Wir wohnten in der Nähe der Kaserne, und auf meinen täglichen Besuchsrunden beehrte ich auch die Frau des Capitaine, in dessen Korps mein Vater Dienst tat.

Ich traf sie später wieder, und da erzählte sie mir, wie großmütig ich mich gezeigt hätte, als sie einmal die gewöhnlich für mich bereitgehaltenen Bonbons vergessen hatte. «Also, wenn Sie heute keinen haben, dann geben Sie mir morgen eben zwei, und dann ist das in Ordnung», soll mein Angebot gelautet haben.

Mit sechs Jahren erreichte ich endlich, daß meine Mutter mich zum Friseur schickte und ich einen kurzen männlichen Haarschnitt bekam.

Sommer in Fépin

Die Sommermonate verbrachte ich bei meinen Großeltern in Fépin, einem kleinen Dorf mit zweihundertfünfzig Einwohnern am Ufer der Meuse in den französischen Ardennen. Ohne Zweifel habe ich in Fépin das Beste für mein Leben gesammelt. Es war ein einfaches und naturverbundenes Dasein, das meine Großeltern führten. Sie bewohnten ein kleines Haus mit Garten, und in den ersten Jahren, die ich dort verbrachte, gab es weder fließendes Wasser noch elektrisches Licht. Als eines Tages elektrische Leitungen gezogen wurden, muß ich den armen Installateur so geärgert haben, daß er erregt von seinem hohen Mast herunterstieg, mich packte und mich mit meinen kurzen Hosen in die Brennesseln steckte. «Wenn Sie den Bengel nicht einsperren, steige ich nicht mehr auf den Mast», drohte er meiner Großmutter.

Zu den Kindern des Dorfes hatte ich kaum Kontakt. Für sie blieb ich ein Fremder, der Stadtjunge, dem man zeigen mußte, wer hier im Dorf das Sagen hat. Sie sangen Spottlieder auf meine roten Haare, sperrten mich ein und machten sich auf jede erdenkliche Weise über mich lustig.

Auch deshalb überfiel mich während der Sommermonate zuweilen ein Gefühl der Einsamkeit. Ich vermißte meine Eltern und wußte nicht, was ich mit mir selbst anfangen sollte. Aus lauter Langeweile dachte ich mir allerlei Spiele aus. Eines dieser Spiele bestand darin, daß ich von der Brücke, die über die Eisenbahnlinie führte, kleine Steinchen auf die Schienen warf. Durch beharrliches Üben brachte ich es dabei zu einer hohen Treffsicherheit. Als ich vor einigen Jahren nach Fépin kam, fand ich die Brücke wieder und konnte zu meiner großen Genugtuung feststellen, daß ich die kleine Kunst der Kindheit immer noch beherrschte.

Die Einsamkeit meiner Tage war vorbei, wenn Großvater am späten Nachmittag von der Arbeit heimkam. Er arbeitete in einer Gießerei und mußte jeden Morgen zehn Kilometer auf einem alten Fahrrad zurücklegen, um zu seiner Arbeitsstelle zu gelangen. Nachmittags gegen vier Uhr kehrte er wieder zurück.

Großmutter und ich erwarteten ihn meist schon auf der Bank vor dem Haus. Wenn ich das vertraute Klicken seiner genagelten Schuhe auf dem Kopfsteinpflaster hörte, wußte ich, daß er gerade auf der Straße, die einige Meter oberhalb des Hauses verlief, vom Fahrrad gesprungen war, weil das Rad keine Bremsen hatte, und sich gleich darauf das Gartentor öffnen würde. Großvater war wieder da.

Während er in der Küche seinen Kaffee trank, erzählte er meiner Großmutter, was in der Gießerei alles vorgefallen war. Obwohl ich die Leute gar nicht kannte, von denen er sprach, und meist nur wenig von allem verstand, genoß ich diese Stunde der Erzählung.

An den Wochenenden verbrachte er meist den ganzen Tag in den Wäldern, die sich rings um das Dorf zogen. Er liebte die Natur, mit der ihn eine tiefe innere Beziehung verband – eine Innigkeit, die mich beeindruckte und nicht ohne Einfluß auf mich blieb.

Das Wappentier der Ardennen ist ein Wildschwein, und mein Großvater besaß im besten Sinne den Charakter eines Wildschweins. Er war sehr zurückhaltend, sprach nur wenig; an ihm sah ich, daß es nicht unbedingt vieler Worte bedarf, um seine Gefühle mitzuteilen – eine Erfahrung, die ich allerdings in bezug auf mich selbst nicht unbedingt beherzigte.

Eines Sonntags nahm er mich mit in den Wald zum Holzschlagen. Er belieferte einen großen Teil der Dorfbewohner mit Holz, weil der Lohn in der Gießerei eher knapp bemessen war. Großmutter hatte uns Linsensuppe mitgegeben.

Während Großvater noch mit dem Schlagen des Holzes beschäftigt war, bekam ich Hunger. Ich setzte mich hinter einen Holzstoß und begann, von der Linsensuppe zu kosten, und im Nu war der Blechtopf leer.

Ein wenig später kam mein Großvater müde und hungrig von der Arbeit zu unserer Raststelle. «Komm, Daniel, jetzt essen wir», sagte er in erwartungsvoller Vorfreude auf die leckere Linsensuppe. Ich zog es vor, mich eiligst in den Wald zu verdrücken und nur zwischen den Baumstämmen hindurch einen Blick auf den schimpfenden Großvater zu riskieren, der voller Wut alles zusammenpackte und nach Hause marschierte.

Meine Großmutter war überrascht von unserer vorzeitigen Rückkehr.

«Warum seid Ihr schon zurück?» fragte sie.

«Ich habe Hunger», erwiderte mein Großvater brummig. «Der Bengel hat alles allein aufgegessen.»

In deutlicher Erinnerung sind mir die gemeinsamen Abende. Nach dem Abendessen, das meistens schweigend eingenommen wurde, setzten wir uns in der Küche um den eisernen Ofen. In dieser Gegend waren auch die Sommer kühl, und während es draußen dunkel wurde, verbreitete das Feuer eine behagliche Wärme.

Meine Großeltern sprachen über den Garten, die Tiere und die Vorkommnisse im Dorf. Gebannt lauschte ich ihren Erzählungen und wünschte mir, die Zeit anhalten zu können. Diese Stunden im Land der Dämmerung hätten für mich ewig dauern können. Von Schlafen wollte ich gar nichts hören. Erst wenn meine Großeltern schlafen gingen, war auch ich bereit, ins Bett zu gehen. Durch die Wand meiner Kammer konnte ich ihre Stimmen hören, wenn sie im Schlafzimmer ihre Gespräche fortsetzten – eine sanfte, harmonische Melodie, die mich in den Schlaf wiegte.

Es war eine kleine, überschaubare Welt, in der sie lebten – die Welt, in die sie hineingeboren worden waren und in der sie starben. Eine Welt, für die sie Verantwortung empfanden, weil sie in ihr wurzelten. Eine Welt, die über Erzählungen und Erfahrungen weitergegeben wurde an die nächste und an die übernächste Generation. Ich habe das Glück der Kindheit noch erfahren können, in der ein Großvater Geschichten erzählt – und zugleich sind spätestens in meiner Generation die Brüche vollzogen worden. Mein Leben ließ mich nirgendwo mehr feste Wurzeln schlagen. Ich lebte in Paris, Köln, Wolfsburg, in Genf und in Südfrankreich. Ich führe auch heute ein Leben an vielen Orten gleichzeitig. Als Kind hatte ich eine Welt ohne Elektrizität kennengelernt – heute organisiere ich Multimedia-Kongresse. Mein Leben

besteht nicht mehr wie das meines Großvaters aus Kontinui-
täten, sondern aus Simultanitäten. Und sosehr ich in diesem
Leben auf meine Art «zu Hause» bin, so weiß ich doch: die
Verantwortlichkeit für die jeweils konkrete Umgebung, die
aus Bindung resultiert, ist geschwächt, wenn man diese
gleichsam nur noch im Teilzeit-Leben bewohnt. Die Erfahrungen, die ich aus meinem Leben an meine Kinder habe
weitergeben können, sind ungleich abstrakter und vermittel-
ter als das, was ich von meinem Großvater gelernt habe. Jene
Kette, die über Generationen hinweg weitergegeben wurde,
ist mit meiner Generation gerissen.

Wenn Großvater Anfang September die störrischen Schafe
von der Wiese zurück in den Stall zu treiben versuchte, war
der Sommer vorbei. Bald darauf kamen meine Eltern, um
mich abzuholen. Ich freute mich auf diesen Tag, denn ihre
Ankunft war jedes Jahr Anlaß für ein großes Familientreffen.
  Ehe ich als kleiner Supermann auf der Bildfläche erschienen war, hatten meine Großeltern und die Familien der
Schwestern meiner Großmutter einander kaum noch besucht. Jahrzehnte zuvor hatte der Streit über eine alte An-
richte, die von meinem Großvater angeblich widerrechtlich
verkauft worden war, die Familie entzweit. Heute mag man
über die Nichtigkeit eines solchen Anlasses nur lachen, damals aber konnten solche Fragen offensichtlich zu einer richtigen Familienfehde führen. Dank meiner Freude, mit Menschen zusammenzusein, gelang es mir, meine Großmutter
mit ihren Schwestern zu versöhnen. Und auch meine andere
Großmutter, die Mutter meines Vaters, die im selben Dorf
lebte, nur etwa fünfzig Meter vom Haus meiner Großeltern

entfernt, und zu der trotz der engen Nachbarschaft kein Kontakt bestand, führte ich heim in die Familie.

Wenn wir dann am Ende des Sommers alle im Hause meiner Großeltern zusammenkamen, war ich glücklich. In späteren Jahren, als ich schon eine öffentlich bekannte Person geworden war, fanden an diesem Tag meist lebhafte Auseinandersetzungen darüber statt, wer mich denn nun eigentlich erzogen und damit das Fundament für das gelegt hatte, was aus mir geworden war. Meine Schwestern behaupteten, sie und die Großeltern hätten sich hauptsächlich um mich gekümmert, was meine Mutter selbst in ihrem fortgeschrittenen Alter noch heftig erregen kann. Wenn Erziehung bedeutet, Liebe zu geben, dann kann ich nur feststellen, daß mir Liebe in verschwenderischem Maße geschenkt wurde – von den Eltern, den Großeltern und besonders von meinem Vater. Ich war immer sein Lieblingskind.

Die Schule
des Lebens

Aber ich habe nun lange genug gelebt, um zu
erkennen, daß Anderssein Haß erzeugt!

Stendhal

Vom Anderssein

Mit fünf Jahren kam ich in die Schule, in die Vorschulklasse, die meine ältere Schwester als Lehrerin unterrichtete. Ich weiß nicht mehr, ob sie besonders streng war, in ihrem Auftreten glich sie meinem Vater und verhielt sich eher reserviert. Daß ich besonderes Vergnügen an ihrem Unterricht hatte, glaube ich allerdings auch nicht. Eines Tages hatte ich Streit mit einem älteren Schüler. Vermutlich hatte ich ihn gereizt, er packte mich jedenfalls an meinem Schal und würgte mich. Als ich abends meinem Vater davon erzählte, reagierte in ihm der Gendarm – nur mit Mühe konnte ich ihn davon abhalten, eine Untersuchung einzuleiten. Noch Tage danach sprach er von dem Bösewicht, der mich gewürgt hatte. Ich hütete mich fortan, zu Hause noch einmal von schulischen Reibereien zu berichten.

Nach dem ersten Schuljahr wechselte ich in eine Schule, die von einem katholischen Orden geführt wurde.

In unmittelbarer Nähe des Schulgebäudes befand sich eine Kirche, und zuweilen holte sich der Pfarrer einige Schüler aus dem Unterricht als Meßdiener. Jeder drängte sich zu dieser Aufgabe, man versäumte den Unterricht und verdiente obendrein auch noch ein paar Centimes dabei.

Unterrichtet wurden wir von den Ordensbrüdern. Nur ein Lehrer, ein besonders harter Typ, gehörte dem Orden nicht an. Wer seine Lektion nicht gelernt hatte, dem befahl er, ans Pult vorzutreten, die Fingerspitzen der rechten Hand zusammenzudrücken, und dann schlug er mit dem eisernen Lineal auf die Fingerkuppen. Diese Schläge waren gefürchtet.

Schon durch mein auffälliges Äußeres unterschied ich mich von meinen Klassenkameraden. Ich war größer und stärker als sie, und mein Haarschopf leuchtete zwischen den vielen dunklen Köpfen wie ein rotes Licht. Wenn irgend etwas schiefgelaufen war und der Lehrer seinen Blick auf der Suche nach dem Schuldigen über die Klasse schweifen ließ, konnte ich fast sicher sein, daß er an mir hängenblieb. Dann wußte ich: «Daniel, du bist dran!»

Im Sport kam mir meine Körpergröße zugute. Ich konnte schneller laufen als die anderen, weiter werfen und besser Fußball spielen. Als ich Torwart unserer Fußballmannschaft wurde, verschaffte mir dies selbst bei dem strengen Lehrer einen Bonus, und so entging ich ab und zu seinem Lineal. Meine sportlichen Erfolge stärkten mein Selbstbewußtsein und trugen mir die Achtung meiner Mitschüler ein, was mir half, die Aufmerksamkeit, die ich durch mein Äußeres erregte und die mich verunsicherte, zu kompensieren.

Die Ordensbrüder veranstalteten jedes Jahr ein Ferienlager. Damit ich nicht immer den Großeltern zur Last fiel, durfte ich ein- oder zweimal mitfahren. Der Priester, der die Reise organisierte, war ein Freund der Familie. Sonst hätte meine Mutter ihre Zustimmung wahrscheinlich gar nicht gegeben.

Wir waren etwa dreißig Jungen. Untergebracht wurden

wir in einem Ferienheim in Ettelbrück. Zusammen mit den Ordensbrüdern unternahmen wir weite Wanderungen durch die luxemburgischen Wälder. Die Nächte verbrachten wir manchmal im Zelt.

Nach einem langen Marsch fiel mir die Aufgabe des Kochens zu. Ich sollte Schokoladenreis zubereiten. Ich rührte also Schokolade, Reis und Milch in einen Topf und stellte ihn auf das Feuer. Schon bald verbreitete sich ein köstlicher Duft. Doch der Schein trügte, denn als ich den Topf vom Feuer nahm, war sein Inhalt zu einem einzigen harten Klumpen zusammengeschmolzen. Nicht einmal die Hunde, die um unser Lager streunten, wollten den harten Klumpen anrühren.

Viele Jahre später glaubte ein Journalist in Köln, in mir einen verborgenen Hobbykoch entdeckt zu haben, und er titelte: «Herr Generaldirektor, die Zwiebeln brennen an.» Er dürfte nicht gewußt haben, daß sich meine Kochkünste seit jenem ersten Versuch nie wesentlich verbessert haben.

Daß ein Franzose auf einem Managerposten saß, schien die Phantasie meiner Mitmenschen ohnehin auf besondere Weise zu beflügeln. Nicht nur wurde mir bei Geschäftsessen immer die Weinkarte zugeschoben – auch die deutschen Journalisten, immer auf der Suche nach einer Geschichte, rechneten fest damit, in mir einen Bonvivant zu treffen, der kochen kann, etwas von Weinen versteht und ein erprobter Gourmet ist. Ob ich auch fähig war, eine Firma zu führen, war für manchen aus der journalistischen Zunft demgegenüber eher eine Frage von nachgeordnetem Interesse.

Mein Pennäler-Mißgeschick mit dem Reis und der Schokolade war bald vergessen. Eine andere Blamage hingegen sollte mir beinahe die ganzen Ferien verderben.

Meine Mutter schickte mir regelmäßig Briefe. Dabei hatte sie die Gewohnheit, mich mit dem Kosenamen «Pepête» anzureden, ein Wort, das meine Schwester geprägt hatte und das für einen Franzosen sehr weiblich klingt.

Als ich einmal in den Schlafsaal kam, sah ich, daß einem meiner Kameraden ein Brief meiner Mutter in die Hände gefallen war. Er las ihn laut vor. Eine Woge des Spotts brach über mich herein, die die ganzen vier Wochen hindurch anhielt. Denn dieser verniedlichende Name stand in so krassem Gegensatz zu meiner Korpulenz, daß er stets aufs neue das Gelächter meiner Kameraden hervorrief – ein Gespött, das ich mein ganzes Leben lang nicht mehr vergessen sollte.

Nach der Grundschule besuchte ich das Gymnasium. Das Aufnahmeexamen hatte ich erfolgreich bestanden, aber in der Sexta hatte ich furchtbare Schwierigkeiten mit der deutschen Sprache. Heute kann ich darüber lachen, daß ich ausgerechnet in Deutsch strauchelte. Damals jedoch führten meine mangelhaften Kenntnisse dieser Sprache dazu, daß ich das Schuljahr wiederholen mußte.

Das Sitzenbleiben spornte allerdings meinen Ehrgeiz an, was von meinem Deutschlehrer wohlwollend registriert wurde. Bereits ein Jahr später hieß es in meiner Beurteilung: «Die deutsche Sprache scheint ihn zu interessieren. Er macht immer etwas mehr, als man von ihm erwartet.»

Vor zwei Jahren sah ich ihn bei einem Vortrag plötzlich wieder. Er saß im Publikum. Voll der Wiedersehensfreude schüttelte ich ihm die Hand. Endlich konnte ich ihm meine Dankbarkeit ausdrücken: «Ihnen habe ich es zu verdanken, daß ich die deutsche Sprache lieben lernte.»

Ich war am Gymnasium als Halbpensionär eingeschrieben. Für die anderen Schüler stellten wir eine besondere Spezies dar, denn wir gingen nicht nach Hause wie die Externen, blieben aber auch nicht über Nacht wie die Internen. Für diese waren wir die «Schweine», die am Abend doch nach Hause gingen.

Der Unterricht begann um acht Uhr, dauerte bis mittags und wurde am Nachmittag von zwei bis vier Uhr fortgesetzt. Das Mittagessen nahmen wir zusammen mit den Internen im Speisesaal ein. Dabei wurden Weichkäseschlachten veranstaltet und anderer Unsinn getrieben, bei dem ich mich nicht selten als Anführer hervortat.

Am Spätnachmittag hatten wir einige Stunden Freizeit. Aber als Halbpensionäre durften wir nicht in die Aufenthaltsräume, wo die Internen Billard oder Tischtennis spielten.

Um vier Uhr erledigten wir im Studierzimmer unsere Hausaufgaben. Dabei wurden wir von Studenten beaufsichtigt, mit denen ich ständig Probleme hatte.

Ich konnte mich hinter meiner Arbeit verkriechen, wie ich wollte, kaum hob ich die Augen und traf den Blick der studentischen Aufsicht, da wurde mein Verhalten schon als Regelverletzung geahndet, und ich mußte mich mit erhobenen Händen in die Ecke stellen. Es war immer dieselbe Geschichte.

Ich wußte überhaupt nicht, was ich getan hatte. Nur einer besaß den Mut, mir eines Tages die Wahrheit zu sagen: «Ich mag dich nicht. Du bist zu groß, zu rot, und du sprichst zu laut.» Erst die Glocke am Abend erlöste mich von diesen Schikanen.

Zusammen mit einem Jungen aus meiner Schule ging ich heim. Der Weg zur Bushaltestelle führte uns am Haus des Bischofs vorbei. Das war unsere erste Station. Wir klingelten und warteten, bis wir jemanden ans Tor kommen hörten, und verschwanden dann rasch in der Dunkelheit.

Nächste Station: die Kaserne der Feuerwehr. Im Souterrain des Gebäudes hatten die Feuerwehrleute ihren Speisesaal. Durch ein engmaschiges Gitter hörten wir das Klappern der Teller und des Bestecks. Während einer von uns an der Ecke nach dem Bus ausspähte, warf der andere Steinchen durch die Löcher des Gitters. Mit Genuß hörten wir die Steinchen in die Suppe plumpsen. Und dann erhob sich auch schon ein Sturm der Entrüstung unten bei den Feuerwehrleuten. Jetzt hieß es, schnell ab und in den Bus.

Wir wurden bei all diesen kleinen Bösartigkeiten, die wir nach zwölf Stunden Schule offenbar bitter nötig hatten, nie erwischt. Nur dem Diener des Bischofs gelang es einmal, uns aufzulauern, da unser Klingeln offenbar mit zu großer Regelmäßigkeit erfolgte.

Das Selbstbewußtsein
des Kugelstoßers

Die Querelen mit den Studenten und die Sticheleien meiner Kameraden machten mir mein Anderssein täglich aufs neue schmerzlich bewußt. Ich litt unter meinen roten Haaren, und meine Größe und Korpulenz nährten noch das Gefühl der Minderwertigkeit, das ich gegenüber meinen Mitschülern empfand. Es lag nicht in meiner Macht, mich unauffällig zu benehmen. Ich fiel immer auf, egal wie ich mich verhielt. Bis ich den Sport entdeckte.

Bereits in der Grundschule hatte ich gespürt, daß ich durch den Sport Minderwertigkeitsgefühle ausgleichen und mein Selbstbewußtsein stärken konnte. Meine eigentliche sportliche Karriere aber begann durch einen Zufall.

An der Schule sollte eine Basketballmannschaft gegründet werden, und angesichts meiner Größe war es nicht verwunderlich, daß die Wahl meiner Klasse auf mich fiel. Heute würde man darüber lachen, denn jeder unter 1,90 Meter ist in dieser Sportart ein Zwerg. Damals aber überragte ich meine Mitschüler um Haupteslänge. Ich spielte mit Freude und nicht schlecht. Mit 13 Jahren wurde ich sogar in die Bezirksmannschaft aufgenommen. Zum ersten Mal zählte nur meine Leistung, nicht meine Haarfarbe.

Eines Tages wurde ich während eines Basketballspiels von einem Trainer für Leichtathletik «entdeckt». Meine Größe und meine Schnelligkeit waren ihm aufgefallen.

Nach dem Spiel lud er mich ein, zu ihm auf den Sportplatz zu kommen. Er wußte gar nicht recht, wo er mich einsetzen sollte. Also drückte er mir einfach eine Kugel in die Hand. «Wirf!» befahl er.

Ich warf, und er staunte nicht schlecht, als ich, ohne auch nur den blassen Schimmer einer Ahnung von Stoßtechnik zu haben, mit meinem ersten Stoß bereits den lokalen Rekord schlug.

«Du mußt bei mir bleiben», sagte er.

Und so wurde ich Kugelstoßer. Jede freie Minute verbrachte ich fortan auf dem Sportplatz.

«Schade, daß er seine intellektuellen Fähigkeiten auf dem Altar des Sports geopfert hat», schrieb daraufhin einer meiner Lehrer in meiner Beurteilung.

Vielleicht hätte ich ohne Sport meinen Studien mehr Zeit gewidmet, aber es hätte mir an der inneren Ausgeglichenheit gefehlt, um erfolgreich studieren zu können. Durch meine schulischen Erfolge allein hätte ich meine Minderwertigkeitsgefühle nicht ausgleichen können. Ich gehörte zwar zu den guten Schülern, aber nicht zu den Besten. Es waren andere, deren Namen der Direktor am Ende eines Quartals verlas.

Kugelstoßen wurde meine erste «success story». Bereits nach sechs Monaten Training nahm ich an Wettkämpfen teil, und mit 14 Jahren stellte ich mit 15,5 Metern einen neuen lokalen Rekord auf, der bis heute von niemandem geschlagen wurde.

Es dauerte nicht lange, da erschienen in den Zeitungen die ersten Berichte über mich. Der kleine Renoir aus Reims begann die Leute zu interessieren.

Als ich 16 Jahre alt war, brachte die französische Sportzeitung *L'Equipe* auf der ersten Seite mein Bild. Schlagzeile: «Ein Franzose für Tokio!» In der Sportöffentlichkeit war ich bereits für die Olympiade nominiert.

Die Achtung meiner Mitschüler stieg: «Hast du wieder etwas gewonnen?» fragten meine Kameraden nach jedem Wochenende. Auch einige Lehrer begeisterten sich für meine sportlichen Leistungen. Meine Bekanntheit hob das Image der Schule, und man ließ mir dafür gewisse Freiräume. Zum ersten Mal erregte ich Aufmerksamkeit, ohne provozieren zu müssen.

Ich wurde in die französische Leichtathletikmannschaft aufgenommen und trat in internationalen Wettkämpfen gegen deutsche, spanische und italienische Konkurrenten an.

Den Höhepunkt meiner Karriere bildete die Teilnahme an den französischen Meisterschaften in Paris. Mein Konkurrent hieß Alain Druffin und stammte aus Orleans. Wir waren beide etwa gleich leistungsstark, und es stand absolut offen, wer von uns den Meistertitel gewinnen würde.

Für meine Eltern stellten diese Meisterschaften ein großes Ereignis dar. Nach Paris zu reisen war ihnen nicht möglich. Aber da das Fernsehen eine Übertragung der Wettkämpfe ankündigte, kauften sie sich einen Fernsehapparat – eine riskante Investition, denn Kugelstoßen gehörte nicht gerade zu den spektakulären und mediengerechten Sportarten, die im Fernsehen gezeigt wurden.

Da zu der Zeit längst noch nicht jede Familie ein solches

Gerät besaß, saßen an jenem Sonntagnachmittag, als in Paris die Meisterschaften ausgetragen wurden, zu Hause in Reims nicht nur meine Eltern, sondern auch viele Freunde und Bekannte vor dem Bildschirm.

Druffin und ich hatten jeder sechs Stöße. Ich machte den Anfang. Der französische Rekord lag damals bei 16,20 Metern, und gleich mit meinem ersten Stoß gelang es mir, diesen Rekord zu brechen.

Dann kam Druffin an die Reihe. Er holte Schwung, ließ die Kugel um seinen Körper rotieren und schleuderte sie weit von sich in den Sand.

Bereits eine erste grobe Messung ergab, daß er mich mit seinem Stoß geschlagen und einen neuen französischen Rekord aufgestellt hatte.

Um einen Rekord aber auch zweifelsfrei zu bestätigen, mußte sehr genau gemessen und dafür die fünfzig Kilogramm schwere Holzbohle, die ein Übertreten der Linie beim Stoßen verhindern sollte, von zwei Männern entfernt werden. Dann erst wurde das Metermaß ausgelegt. Diese aufwendige Prozedur, die bei Wettbewerben gewöhnlich nicht zu sehen war, weckte allmählich das Interesse der Zuschauer.

Als ich zu meinem zweiten Stoß ausholte, hatte sich bereits eine Traube von Menschen um die Stoßbahn gesammelt. Ein Raunen ging durch die Menge, als ich abermals einen neuen Rekord aufstellte und die Bohle von neuem aus dem Kreis gehoben werden mußte.

Die vielen Zuschauer und ihre begeisterten Rufe lockten schließlich auch die Fernsehreporter an. So kam es, daß das Kugelstoßen tatsächlich übertragen wurde.

Druffin und ich enttäuschten unser Publikum nicht. Es gelang uns, mit jedem Stoß einen neuen Rekord aufzustellen. Insgesamt zwölfmal mußte an diesem Nachmittag die Bohle entfernt werden. Am Ende hatten wir den französischen Rekord um einen ganzen Meter geschlagen. Der Meistertitel allerdings ging an Druffin.

Zwei Zentimeter hatte er die Kugel weiter als ich gestoßen und damit eine europäische Bestleistung erzielt. Die jubelnde Menge umringte ihn, während ein Fernsehreporter an mich herantrat und um ein Interview bat. Druffin war bereits in der Menge verschwunden. Ich zauderte zunächst, denn im Fernsehen aufzutreten war etwas anderes, als für eine Zeitung fotografiert zu werden. Aber dann ließ ich mich doch überreden.

Nach diesem Auftritt war ich in Reims bekannt wie ein bunter Hund. Ich war durch eine öffentlich anerkannte Leistung plötzlich aus der Anonymität herausgetreten. Das stärkte mein Selbstwertgefühl, und zugleich gewann ich endlich auch Distanz zu meiner Person. Selbst die gehässigen Bemerkungen einiger Mitschüler, die mir meinen Erfolg neideten, vermochten mich nicht mehr zu verletzen.

Eine einzige Liebe

Eines Tages auf dem Sportplatz bemerkte ich während meines Trainings, daß zwei Mädchen an die Wurfbahn getreten waren und mich beobachteten. Ihre Gegenwart löste in mir größte Verwirrung aus. Ich spürte, wie meine Bewegungen immer fahriger wurden.

Zu gerne hätte ich sie angesprochen. Doch ich war zu schüchtern. Nur mit Mühe verbarg ich meine Verlegenheit und tat, als sähe ich sie gar nicht. Scheinbar unbeeindruckt von ihren Blicken, stieß ich meine Kugel in den Sand.

Ein Freund, der meine sportlichen Leistungen sehr bewunderte und mit auf den Sportplatz gekommen war, um mir zuzuschauen, bestürmte mich auf dem Heimweg.

«Hast du die beiden gesehen?»

Ich zuckte mit den Schultern und versuchte, eine gleichgültige Miene aufzusetzen.

«Sie haben über dich geredet», bedrängte mich mein Freund weiter.

««Der ist sehr gut›, hat die eine gesagt, ‹nur mit seinem Aussehen kann ich nichts anfangen.›»

In mir krampfte sich alles zusammen. Ich hätte viel dafür gegeben, wenn sie das Gegenteil gesagt hätte.

Daß ich keinen Erfolg bei Mädchen hatte und mich nicht überwinden konnte, ein Mädchen auch nur anzusprechen, quälte mich immer wieder. Sosehr der Sport mein inneres Gleichgewicht gefestigt hatte, bei meiner Schüchternheit dem anderen Geschlecht gegenüber vermochte er mir nicht zu helfen.

Die Mädchen, die mit mir Sport trieben, sahen in mir nur den Sportler. Versuchte ich, mit ihnen über etwas anderes zu reden als den Sport, versagte ich aus Angst, sie könnten auf meine Schwächen aufmerksam werden.

Ich verschanzte mich hinter meiner Sportlichkeit, die eine Art Schutzschild für mich wurde. Dabei hatte ich jedoch ständig das Gefühl, daß mir etwas fehlte. Ich glaubte selbst nicht daran, daß ein Mädchen an mir Gefallen finden könnte.

Noch heute erinnere ich mich an meine Verzweiflung während eines Urlaubsaufenthalts in Südfrankreich.

Meine Eltern konnten sich keine Urlaubsreise leisten. Aber meine ältere Schwester, die mittlerweile verheiratet war und eine Tochter hatte, nahm mich in den Ferien mit an die Côte d'Azur.

Wir bewohnten das untere Appartement eines größeren Hauses. In dem Appartement über uns verbrachte ein Mädchen meines Alters seine Ferien.

Eines Tages kam sie zu meiner Schwester und lud mich für den Abend zu ihrer Party ein. Parties waren damals große Mode, und ich fühlte mich durch diese spontane Einladung ungeheuer geschmeichelt. Trotzdem konnte ich meine Hemmungen an diesem Abend absolut nicht überwinden. Den Tränen nahe lief ich in mein Zimmer und warf mich aufs Bett. Meine Schwester ging mir nach und redete liebevoll auf mich ein.

«Du bist wirklich ein Bär. Warum gehst du nicht hinauf?»

«Kein Interesse», brummte ich.

Natürlich war ich interessiert, ich war sogar wahnsinnig interessiert. Eine solche Party war genau das, was ich mir immer erträumt hatte. Aber ich schaffte es nicht, mich von meinen Hemmungen zu befreien.

Bei einem anderen Urlaub, den ich mit der Familie meiner Schwester in den französischen Alpen verbrachte, wohnte neben uns ein junges Mädchen mit ihren Eltern. Der Vater war Schuhhändler in Vendôme, einem kleinen Städtchen an der Loire.

Ich hatte unterdessen ein wenig Mut gefaßt, und als meine Schwester und mein Schwager abends mit ihren Eltern spazierengingen, wagte ich es, ihre Hand zu ergreifen. Kaum aber ließ sie zu, daß ich ihre Hand hielt, da machte ich ihr auch schon einen Heiratsantrag.

Es waren nicht etwa überzogene Moralvorstellungen, die mich dazu veranlaßten, sondern es war meine Unsicherheit. Ich wollte das, was mir zum ersten Mal gelungen war, sofort festnageln und das Mädchen für alle Zeit an mich binden.

In der Tertia beteiligte ich mich an einem Schüleraustausch mit dem Max-Planck-Gymnasium in Dortmund. Eigentlich waren zu diesem Austausch nur die Schüler der Oberprima zugelassen, aber wegen meines besonderen Engagements im Deutschunterricht durfte ich teilnehmen.

Mein Austauschpartner hieß Freimut. Seine Mutter war Witwe und wohnte in der Wittelsbacherstraße. Ich hörte in späteren Jahren noch einmal von ihm und erfuhr, daß er als Koch in Australien arbeitete.

Ganz in der Nähe der Wittelsbacherstraße war Pierre De-jambe, einer meiner Kameraden aus der Oberprima, bei der Familie Schinke untergebracht, die drei Kinder hatte, zwei Söhne und eine Tochter.

Einige Tage nach unserem Eintreffen in Dortmund fragte mich Pierre, ob ich das Mädchen seiner Gastfamilie kennen-lernen wolle. Ich sagte begeistert zu. Meine Schüchternheit hatte ich bereits so weit überwunden, daß mich die Begeg-nung mit einem Mädchen nicht mehr erschrecken konnte.

So lernte ich Gabi kennen. Wie ich begeisterte sie sich für den Sport und war Leichtathletikmeisterin von Nordrhein-Westfalen. Ihr lebendiges und spontanes Wesen faszinierte mich vom ersten Augenblick an, und es dauerte nicht lange, bis ich mich in sie verliebte. Sie war meine erste Liebe und wurde meine Lebensliebe.

Wir gingen häufig zusammen aus. In einem Dortmunder Kino mit dem seltsamen Namen «Bambi» zeigte ich ihr die Filme «Hiroshima, mon amour» und «Richard III.».

Als sich mein Aufenthalt dem Ende näherte, war ich so verliebt, daß ich ihr versprach, im nächsten Jahr wiederzu-kommen. In den Monaten danach wechselten wir regelmä-ßig Briefe. Gabi bewahrte meine Briefe, die immer mit einer Liebeserklärung endeten, noch viele Jahre lang auf.

Im Jahr darauf kam ich wieder. Ich fand Arbeit als Aus-hilfskraft bei der Dortmunder Kronenbrauerei, wo ich die Bierwagen ent- und beladen mußte. Von meinen Kollegen dort wurde ich sofort akzeptiert, und die Arbeit erweiterte meinen Wortschatz um einige neue Ausdrücke. Sobald der

Chef außer Sichtweite war, hieß es: «Abtauchen!» Das bedeutete, hinter den Wagen zu verschwinden und eine Frühstückspause einzulegen.

Im folgenden Sommer mußte ich die von der Waschanlage gereinigten Flaschen in Kisten stellen, eine Tätigkeit, die mir Jahre später, als ich endlich die Doppelbödigkeit der deutschen Sprache begriffen hatte, gegenüber einem Vorstandskollegen zu der wahrheitsgemäßen Bemerkung verhalf: «Ich habe früher als Sie gelernt, mit Flaschen umzugehen.»

Ich verlebte eine wunderschöne Zeit in Dortmund. Untergebracht war ich in der Jugendherberge, und ab und zu verabredete ich mich mit Gabi.

Als ich gegen Ende des Sommers mit ihr im Westfalenpark auf den Rosenterrassen saß und unser Abschied nahte, wollte ich sie nach zweieinhalb Jahren endlich einmal küssen. Sie aber neckte mich nur mit dem Tuch, das ich ihr geschenkt hatte, hielt es, sobald ich mich nähern wollte, vor ihr Gesicht und wehrte mich wie ein Torero ab. Erst später erfuhr ich den Grund für ihre Abwehr. Auf der Bank uns gegenüber saßen nämlich die Nachbarn ihrer Eltern, und sie fürchtete, zu Hause Ärger zu bekommen, wenn sie mit einem Jungen gesehen wurde. Denn auch wenn ich inzwischen als Freund der Familie betrachtet wurde, so hätten ihre Eltern es doch nicht geduldet, daß sie sich von mir küssen ließ.

Wenige Tage nach unserem Rendezvous auf den Rosenterrassen gab Gabi mir zu verstehen, daß unsere Beziehung hoffnungslos war.

Ich hatte sie abgeholt, um mit ihr zum Turnen zu gehen, als sie sich plötzlich zu mir umdrehte, mir in die Augen sah und erklärte: «Es hat keinen Zweck.»

Sie lief einige Schritte voraus. Dann drehte sie sich noch einmal um und sagte: «Siehst du nicht, daß das das Ende ist?»

Nach diesen Worten machte sie endgültig kehrt und ging weg.

Ich war völlig niedergeschmettert. Aber ich konnte ihre Argumente kaum entkräften: Wir waren beide noch sehr jung; Gabi war so alt wie ich, aber sie besaß einen klareren Blick für die Realitäten. Ich ging noch zur Schule, hatte keinen Beruf und wußte auch noch gar nicht, welchen Weg ich einmal einschlagen wollte.

Trotzdem bedeutete ihre Entscheidung für mich eine Tragödie. In meiner Verzweiflung rief ich meine Eltern an und bat sie, mich sofort abzuholen.

Die Ankunft meiner Eltern lenkte mich etwas von meinem Kummer ab. Sie mieteten ein Hotelzimmer, und anschließend aßen wir im Rathauskeller zu Abend. Mein Vater bestellte eine Hühnerreisplatte. Die deutschen Portionen waren damals schon dreimal so groß wie die französischen, obwohl es noch keine nouvelle cuisine gab. Die enorme Menge an Fleisch überwältigte meinen Vater geradezu und veranlaßte ihn zu einer seltsamen Bemerkung:

«Weißt du, Kind, du bist jetzt schon dreimal hierhergekommen. In diesem Land kann man so viel tun.»

«Aber, Papa, du bist doch hier Gefangener gewesen.»

«Das war ein Irrtum der Geschichte», wehrte er ab.

Im allgemeinen sprach mein Vater wenig, und zum Philosophieren hatte er schon gar keine Neigung. An diesem Abend aber gab er mir zu verstehen, daß man als Franzose in Deutschland durchaus leben konnte.

Statt Ressentiments zu äußern, was ich verstanden hätte, zeigte er Interesse. Ob das nun allein mit der Hühnerreisplatte zusammenhing, weiß ich nicht. Es heißt, die Liebe gehe durch den Magen.

Am nächsten Morgen, als wir zurück nach Frankreich fahren wollten, sagte ich meiner Mutter, ich hätte noch Hemden in einer Wäscherei. Die müsse ich holen. Das stimmte natürlich nicht. Ich wollte versuchen, Gabi noch einmal zu sehen. Den ganzen Vormittag warteten meine Eltern im Hotel, während ich nach den Hemden zu suchen vorgab. Ich sah Gabi aber nicht wieder und kehrte im folgenden Sommer auch nicht mehr nach Deutschland zurück.

Aber ich habe sie, ohne jemanden verletzen zu wollen, nie vergessen. Wie in einem romantischen Märchen war mir hier mit einer jungen Frau etwas passiert, was man sich nur erträumen kann. Die Liebe zu Gabi blieb für mich immer etwas ganz Besonderes. Auch wenn mein Leben in der Folge anders verlief, trug ich ihr Bild in meiner Seele.

Als mein Beruf mich später nach Deutschland führte, fuhr ich noch einmal nach Dortmund. Ich erkannte das Haus sofort, und als ich den Hausflur betrat, da war mir, als sähe ich sie wieder, in Pullover und Schottenrock, die Treppe herunterspringen.

Aber sie war nicht mehr da, und auch ihre Eltern waren ausgezogen. Von den Nachbarn erfuhr ich, daß sie geheiratet hatte und umgezogen war.

Lehrjahre

Ich weiß nicht, ob mein Leben nutzlos und bloß ein
Mißverständnis war oder ob es einen Sinn hat.

Hermann Hesse

Die Kunst des zweiten Blicks

In der Oberprima gab ich den Sport auf, um mich ernsthaft meinen Studien zu widmen. Zwar war ich nach meinem Straucheln in der Sexta immer ein guter Schüler gewesen, doch ich hatte eher passiv gelernt, den Stoff in mich aufgenommen, ohne ihn zu reflektieren. Jetzt aber wurde das Lernen für mich zu einem bewußten Vorgang, den ich gestaltete und für den ich mich auch verantwortlich fühlte. Meine Erfolge im Sport und die Erinnerungen an Gabi hatten mich ausgeglichener werden und in mir ein Gefühl der Sicherheit, fast der Unverwundbarkeit entstehen lassen.

Mein Vater hatte wegen eines Schlaganfalls seinen Beruf noch vor der Pensionierung aufgeben müssen. Um mein Studium bezahlen zu können, hatte er eine Stelle als Concierge in einem Großunternehmen angenommen, eine Tätigkeit, die im Ansehen der Gesellschaft auf der untersten Stufe stand. Ich bereue es noch heute, daß ich nicht erkannte, welches Opfer meine Eltern erbrachten, um mir die Fortsetzung meines Studiums zu ermöglichen.

Als wir in der Klasse einmal über unsere Familien sprachen und das Thema «erben» auftauchte, meinte ein Mitschüler spöttisch zu mir: «Vielleicht erbst du ja einen Besen von deinem Vater.» Ich war so unvorsichtig, diese beleidigende Bemerkung zu Hause zu wiederholen. Meine Mutter fühlte sich furchtbar verletzt. Aber mich konnten derartige Reden nicht mehr aus dem Gleichgewicht bringen.

Wir hatten für das Baccalaureat die Wahl zwischen Naturwissenschaft, Mathematik und Literatur. Meine Mitschüler, die sich für Naturwissenschaft und Mathematik entschieden, schlugen später fast alle die medizinische Laufbahn ein. Ich wählte Literatur, Philosophie und Psychologie, eine Wahl, die meinen persönlichen Neigungen entsprach. Ein Berufsziel hatte ich nicht vor Augen. Ich bewunderte diejenigen unter meinen Kollegen, die ganz genau wußten, was sie werden wollten. Mir war dieser Drang, ein bestimmtes Ziel in Angriff zu nehmen, fremd.

Nichts von dem, was in meinem Leben bisher von Bedeutung war, hatte ich bewußt oder absichtlich herbeigeführt. Zum Sport war ich durch Zufall gekommen; Gabi hatte ich über Pierre kennengelernt; und Deutsch hatte ich gelernt, weil ich sitzengeblieben war und mich anstrengen mußte. Eine Bestimmung konnte ich in meinem Leben nicht erkennen.

Es fehlte zu jener Zeit auch der äußere Zwang, sich einen Lebensplan zurechtzulegen, denn das Problem der Arbeitslosigkeit gab es noch nicht. Was immer man auch gelernt hatte, irgendwo kam man bestimmt unter, und gefiel einem die Tätigkeit nicht, brauchte man bloß über die Straße zu gehen, und schon hatte man einen anderen Job.

Heute ist die Entscheidung für eine bestimmte Ausbildung viel komplexer. Deshalb sind die Vertreter meiner Generation auch nur bedingt kompetent, wenn es um das Problem der Arbeitslosigkeit geht. Wir verstehen diese Problematik nur oberflächlich, weil wir sie nie am eigenen Leib erfahren haben.

Ich kam also in die Philosophieklasse. Unser Philosophielehrer war überzeugter Marxist, der uns sechs bis acht Stunden pro Woche Unterricht erteilte. Hätte ich ausschließlich unter seinem Einfluß gestanden, wäre ich wahrscheinlich Marxist geworden. Der Religion hatte ich ohnehin bereits den Rücken gekehrt. Ich war nie praktizierender Katholik gewesen, und unter dem Eindruck des Philosophieunterrichts stellte ich die Existenz Gottes überhaupt in Frage und bezeichnete mich als Agnostiker.

Zum Glück aber gab es an unserem Gymnasium Abbé Philipponat, einen katholischen Priester, der auch Philosophie studiert hatte. Er bot uns an, die Texte, die wir im Philosophieunterricht besprochen hatten, jeweils am Ende der Woche auf der Basis einer christlichen Weltanschauung noch einmal zu analysieren.

Dieses Lesen mit dem zweiten Blick, die Erfahrung, daß es nichts Definitives gibt, sondern man aus ein und demselben Text unter verschiedenen Blickwinkeln jeweils eine andere Aussage herauslesen kann, übte einen prägenden Einfluß auf meine Weltanschauung aus.

So gerne ich dem Philosophieunterricht beiwohnte, so leidenschaftlich hörte ich am Ende der Woche Abbé Philipponats Ausführungen. Er kritisierte die Auffassungen unseres Philosophielehrers nicht. Er machte uns lediglich deutlich, daß jede Meinung relativiert werden kann und daher keinen Anspruch auf definitive Gültigkeit erheben darf.

Die Bereitschaft, auch sein eigenes Wissen und sogar seinen Glauben immer wieder in Frage zu stellen und eine Tür offenzulassen für die Meinung anderer, brachte Abbé Philipponat in Kontroverse zu seiner Kirche.

In seinen Auffassungen wich er erheblich von der offiziellen Doktrin ab. Er war kein Mann der Medien und erlangte daher nicht die Berühmtheit wie Monseigneur Gaillot oder Eugen Drewermann. In Reims aber spielte er eine wichtige Rolle. Ich entwickelte eine besonders enge Beziehung zu ihm. Wir führten auch außerhalb des Unterrichts viele Gespräche miteinander.

Er ist heute Pfarrer in Saint Remi, einer der schönsten Kirchen von Reims, und als ich ihn anläßlich einer Einladung meiner alten Schule besuchte, sagte er zu mir: «Daniel, erinnerst du dich an unsere Gespräche? Du warst damals furchtbar unausgeglichen.»

Die Entdeckung des Anderen

Nach dem Baccalaureat schrieb ich mich an der Sorbonne in Paris für Literatur ein. Als Hauptfach wählte ich Deutsch. Irgendwie ahnte ich, daß die deutsche Sprache in meinem Leben noch eine Rolle spielen würde. Um mein Studium zu finanzieren, unterrichtete ich Deutsch an einem Pariser Gymnasium.

Daß ich diese Stelle bekam, verdankte ich wiederum dem Sport. Der Sohn des Direktors dieses Gymnasiums war nämlich ein begeisterter Sportler und sah in mir ein Vorbild. So überredete er seinen Vater, mich einzustellen.

Ich bezog ein Zimmer im Gymnasium, hoch über den Dächern von Paris.

Während der ersten beiden Jahre unterrichtete ich die 13- bis 14jährigen, später auch die Abiturklassen. Schnell aber wurde mir klar, daß der Lehrberuf für mich keine Lebensaufgabe werden konnte. Dennoch habe ich in dieser Zeit wahrscheinlich intensiver über mein Tun und Sein nachgedacht als in den Jahren danach.

An der Universität lernte ich Rostand kennen. Er studierte Medizin und besaß eine Persönlichkeit, die mich sehr anzog. Abends kamen wir in meiner Dachkammer zusammen, um zu lernen. Unser unterschiedlicher musikalischer Geschmack setzte diesen gemeinsamen Lernabenden jedoch ein rasches Ende. Rostand mochte die Musik von Richard Wagner nicht, ich aber konnte nur mit Wagner studieren. «Tannhäuser» oder «Der Ring» animierten mich wahnsinnig.

Außerhalb der Musik aber hatten wir viel gemeinsam. Rostand war mit sich sehr unzufrieden, er fühlte sich verunsichert und war oft niedergeschlagen. Da er sein Studium wegen seines Engagements als Offizier im Algerienkrieg für mehrere Jahre unterbrochen hatte, zweifelte er, ob er mit seinen dreißig Jahren nicht schon zu alt sei, um weiterzustudieren.

Wir sprachen oft miteinander über unsere Probleme, denn auch ich fühlte mich unwohl in meiner Rolle als Lehrer. Immer wieder zweifelte ich an meiner fachlichen Kompetenz und fühlte mich nicht wirklich fähig, diese Sprache zu lehren. Dabei war mein Wortschatz damals wahrscheinlich größer als heute. Aber das Empfinden für die deutsche Sprache fehlte mir, das ich erst nach vielen Aufenthalten in Deutschland entwickelte. Ich habe später oft feststellen müssen, welche Diskrepanz zwischen Wissen und Verstehen besteht.

Mehr noch aber beschäftigte mich der mangelnde Erfolg meiner Schüler. Die Schulklassen umfaßten an die vierzig Schüler, und sosehr man sich als Lehrer auch um alle bemühte, nur ein Bruchteil von ihnen erreichte das Klassenziel. Wenn von den vierzig Schülern zehn dem Unterricht folgen konnten, mußte ich schon zufrieden sein.

Ich war es aber nicht. Denn wenn nur ein Viertel der Klasse mithalten konnte, dann mußte das am Unterricht liegen. Ich fühlte mich verantwortlich für das Versagen der anderen. Eine Niederlage, wie ich sie mit meinem Sitzenblei- ben in der Sexta erlitten hatte, wollte ich meinen Schülern ersparen. Aber auch der Nachhilfeunterricht in kleinen Gruppen, den ich den schlechteren unter meinen Schülern erteilte, löste das Problem nicht.

Die unbefriedigenden Ergebnisse als Lehrer hinterließen ihre psychischen Spuren. Schon drohte mein mühsam ge- wonnenes Selbstbewußtsein wieder zu zerbröseln – es war, als ob alles wieder bei Null anfinge. Ich stand einer völlig neuen Herausforderung gegenüber: Es ging nicht mehr nur darum, mit mir zurechtzukommen; ich mußte mit mir *und* den anderen zurechtkommen.

Zum ersten Mal stellte ich fest, daß Glücklichsein die Vor- aussetzung für Leistung ist. Und das im Gegensatz zu man- cher Behauptung in der Industrie, nämlich daß Leistung erst glücklich macht.

Hinzu kamen private Probleme. Mit 19 Jahren hatte ich geheiratet und war Vater geworden, ohne mich für diese Rolle reif zu fühlen. Ich war innerlich noch viel zu sehr mit mir selbst beschäftigt, um mich emotional um meine Familie kümmern zu können.

Meine Frau Liliane wohnte mit unserem Sohn Eric und unserer Tochter Isabel bei meinen Eltern in Reims. Aber die unmittelbare Nähe zu meinem kranken Vater, der bereits mehrere Schlaganfälle erlitten hatte, war für sie unerträglich. «Ich kann nicht mehr bleiben», sagte Liliane an einem Wo- chenende zu mir, als ich sie besuchte. Ich sah ein, daß etwas geschehen mußte, und nahm sie kurz entschlossen mit nach Paris, ohne zu wissen, wo ich sie unterbringen sollte.

Da kam mir Rostand zu Hilfe. Seine Eltern besaßen an der

Peripherie von Paris eine alte Wohnung, die schon seit Jahren leer stand. Noch am selben Abend zogen wir ein und hatten zumindest ein Dach über dem Kopf, bis ich kurz darauf eine Wohnung für uns fand.

Damit hatte ich das Problem mit meiner Familie gelöst. Aber die Schwierigkeiten in der Schule hielten an.

Rostand machte mich eines Tages mit Jean-Marie Mossand, einem Arbeiterpriester, bekannt. Arbeiterpriester waren damals groß in Mode. Sie zogen sich an wie Arbeiter und gingen in die Fabriken, um mit den Arbeitern zu sprechen.

Mossand war ein sehr sensibler Mensch. Ich schilderte ihm meine Schwierigkeiten.

«Und wie stehen die Kinder zu diesem Problem?» wollte er wissen.

«Die Kinder sind zufrieden. Ich glaube, sie lieben mich.»

«Und du, liebst du deine Schüler?»

Diese Frage konnte ich ohne Zögern bejahen:

«Ja, ich liebe sie. Sie sind mir schon vom Alter her so nah.»

«Wissen deine Schüler, daß du sie liebst?»

Diese Frage war für mich wie eine Erleuchtung. Ich hatte mir darüber bisher keine Gedanken gemacht, denn ich hielt es für eine Selbstverständlichkeit, daß derjenige, für den man eine Zuneigung empfindet, dies auch weiß. Das war aber nicht der Fall.

Ich dachte über meine eigene Schulzeit nach. Mathematik hatte mir nie sehr gelegen. Dennoch schrieb ich in diesem Fach mindestens zwei Jahre lang exzellente Noten, einfach weil wir einen Lehrer hatten, den ich mochte.

Die Kapazität des Gedächtnisses kann durch Gefühle gesteigert werden. Wenn ich in einer Konversation mit Menschen, die mir gleichgültig sind, etwas nicht weiß, berührt mich das nicht weiter. Befinde ich mich aber in einem Kreis von Menschen, deren Zuneigung für mich eine Rolle spielt, dann fühle ich mich angesichts eines Mangels an Wissen sehr verunsichert.

Die ganze Kunst der Pädagogik beruht auf diesem Verhältnis der Gefühle zwischen Lernendem und Lehrendem. Manchmal ist es nur ein Wort, ein Lächeln, eine kleine Anerkennung, eine Ermunterung, ein unerwartetes Lob, eine Erklärung, warum Fehler gemacht wurden, anstelle von Strafe. Plötzlich spürt man, daß man mit dem Wissen auch Gefühle, Zuneigung empfängt. Nicht mehr das Studieren ist das Wichtigste, sondern daß man durch die Zufriedenheit des anderen auch selbst Zufriedenheit findet.

Plötzlich verstand ich Sartres philosophische Abhandlung über «Das Sein und das Nichts», die wir im Philosophieunterricht durchgearbeitet hatten: Ich existiere nur durch den Blick des Anderen, erklärt Sartre; der Andere ist es, der meine Existenz begründet. Immer wenn ich im Laufe meines späteren Lebens mit Fragen der Kommunikation zu tun hatte, mußte ich an dieses Gespräch mit Mossand denken.

In der Theorie der Kommunikation ist viel von Technik, Strategien und Methoden die Rede. Aber der elementare Aspekt, daß Kommunikation zwischen Menschen vor allem auf einer Relation des Empfindens beruht, wird vernachlässigt. Schlimmer noch: durch die wachsende Technisierung der Kommunikation geht er ohnehin immer mehr verloren.

Die menschliche Beziehung, die Wärme des Blicks und der Stimme, die eigentlich das Wissen transportieren und ihm jenen «gefühlvollen» Boden bereiten, ohne den nichts gelernt wird, verschwinden.

Während einerseits durch die Technisierung der Kommunikationsmittel die Gefühle immer mehr zu verschwinden drohen, kommt es andererseits durch das Fernsehen zu einer Dominanz der Gefühle über die rationalen Gedanken. Man achtet nur noch auf den Ausdruck der Gefühle. Der Inhalt des Gesagten wird kaum mehr wahrgenommen.

Heute hat man «echt» kommuniziert, wenn man im Fernsehen geweint hat. Das cogito ergo sum von Descartes – einst das Fanal der auf Vernunft beruhenden Aufklärung – wird ersetzt durch videor ergo sum. Man existiert, wenn man im Fernsehen gesehen wird.

Im Schlafanzug zum Morgenappell

Das Gespräch mit Mossand hatte in mir den Eindruck hinterlassen, daß mein Mangel an Ausgeglichenheit und Reife mich nie ein guter Lehrer werden lassen würde.

Ich suchte den Direktor des Gymnasiums auf und bat ihn um Entlassung. Er bedauerte meine Entscheidung, meinte aber: «Sie werden eine ungewöhnliche Karriere machen.»

Mit meinen 22 Jahren schenkte ich diesen Worten keine große Beachtung, sondern nahm sie als nette Geste des Abschieds. Eine Karriere war für mich ohnehin nicht in Sicht, denn zunächst mußte ich den Militärdienst absolvieren, den ich während meines Studiums aufgeschoben hatte.

Dabei war es eine sehr unüberlegte Entscheidung, mich ausgerechnet jetzt zum Militärdienst zu melden. Liliane hatte gerade unser drittes Kind Sylvie zur Welt gebracht, und ich hätte zunächst einmal dafür Sorge tragen sollen, daß meine Familie finanziell abgesichert war.

Der Militärdienst dauerte 14 Monate und wurde nur mit einem geringen Sold vergütet. Das war in meiner Lage katastrophal. Ohnehin war mir alles Militärisches fremd – lieber hätte ich meine Staatsbürgerpflicht auf andere Weise erfüllt als durch den Dienst an der Waffe.

Ich trat also in der festen Absicht ein, die Armee so schnell wie möglich wieder zu verlassen. Die Frage war nur, wie ich das anstellen sollte. Ein physisches Leiden vorzutäuschen schien mir unmöglich, da mir immer noch der Ruf eines großen Sportlers vorauseilte.

In meiner Verzweiflung schrieb ich einen Brief an meine jüngere Schwester, die Apothekerin geworden war. Ich schilderte ihr meine Lage und bat sie, mir zu helfen.

Sie schickte mir daraufhin eine Tüte Bonbons, zwischen denen eine Flasche Serum versteckt war. Davon sollte ich einige Tropfen in die Urinprobe schütten. Um den Erfolg der Prozedur auch zu garantieren, goß ich vorsichtshalber gleich die ganze Flasche hinein und wartete mit Spannung auf das Ergebnis.

Es war niederschmetternd.

Ich hatte erwartet, daß man mich gleich danach ins Krankenhaus schicken würde. Aber nichts dergleichen geschah.

Ich kam in eine Kompanie, die auf sehr ungewöhnliche Weise aus unterschiedlichen sozialen Schichten zusammengewürfelt war. Neben dem Sohn eines Friedenspastors und einem Architekten, die kurz vor dem Abschluß ihres Studiums standen, gehörten ihr meistenteils einfache Arbeiter an.

Während meiner Gymnasialzeit und meines Studiums hatte ich mich in einem eher geschlossenen Milieu bewegt, das seine eigene Sprache sprach und dessen Dasein sich von dem Leben der übrigen Gesellschaft erheblich unterschied. Meine persönliche Erfahrung hat mir geholfen zu verstehen, warum es vor dem Gitter des Renault-Werkes in Paris im Mai '68 zwischen den Studenten und den Arbeitern des

Werks nicht zu einem Dialog kommen konnte. Jetzt sollte mir zum ersten Mal in meinem Leben ein sehr viel realistischerer Wind um die Nase wehen.

Für unseren Feldwebel, der sich nur durch Brüllen ausdrücken konnte, waren der Sohn des Friedenspastors, der Architekt und ich intellektuelle Widersacher, die er mit Vergnügen einer schikanösen Behandlung unterzog.

Mich hatte er besonders im Visier. Mein Bett war nie richtig gemacht, mein Schrank nie richtig aufgeräumt. Eines Morgens befahl er mir, in der Kaserne zu bleiben und alles sauberzumachen.

Da ich Widerstand als zwecklos erachtete, steigerte ich mich voll in die Aufgabe hinein. Er dachte sich alle möglichen entwürdigenden Torturen aus und ließ mich mit einer Zahnbürste die Duschen und Toiletten putzen. Ich biß die Zähne zusammen und gab mir wahnsinnige Mühe, seinen Anweisungen genau zu folgen und ja alles richtig zu machen.

Gegen Mittag kam er wieder, um meine Arbeit zu kontrollieren. Als ich schon siegesgewiß glaubte, davonkommen zu können, öffnete er das Fenster und fuhr mit dem Zeigefinger durch eine Rille, in der sich ein wenig Schmutzwasser angesammelt hatte.

Sofort brüllte er los: «Und das nennen Sie saubermachen!»

Dann warf er alle Kleidungsstücke aus den Schränken und befahl mir, die Arbeit nochmals von vorne zu beginnen.

Ich fügte mich ohne Widerrede. Geduldig legte ich jedes Stück zusammen und räumte es in den Schrank. Ich lernte dabei, daß man auch den größten Wahnsinn intellektuell verarbeiten kann, wenn man innerlich auf Distanz geht.

Doch die Böswilligkeiten nahmen kein Ende.

Als wir die ersten Übungen mit dem Gewehr machen mußten, verletzte ich mich am Daumen. Zur Strafe mußte ich im Hof der Kaserne das abgefallene Laub in meinen Helm sammeln. Und schließlich kam ich sogar für einige Tage in den Knast.

Die schikanösen Aufgaben und die gehässige Behandlung ließen mich nur noch an eines denken: Ich wollte raus. Aber immer noch wußte ich nicht, wie ich das anstellen sollte.

Da kam eines Abends der Sohn des Friedenspastors mit riesigen blutigen Schnitten am Kopf in den Schlafsaal.

Er hatte sich den Schädel kahlgeschoren.

«Warum hast du das getan?» fragte ich.

«Ich will weg von hier», antwortete er. «Vielleicht halten sie mich für verrückt.»

Vielleicht hielten sie ihn für verrückt. Jedenfalls schickten sie ihn nicht weg, sondern für drei Tage in den Knast.

Mich aber brachte seine Tat auf die Idee, mich psychisch gestört zu geben. Ich mußte zeigen, daß die Armee für mich ein Umfeld war, wo ich allmählich den Verstand verlor.

Die ersten Anzeichen meiner geistigen Verwirrung bekundete ich damit, daß ich beim Morgenappell auf dem Kasernenhof den Schlafanzug anbehielt und ihn unter meiner Uniform hervorschauen ließ. Dreimal wiederholte ich dieses Spiel. Dann hörte ich, wie der Feldwebel seinen Vorgesetzten auf mich aufmerksam machte: «Gucken Sie mal, dieser blöde Kerl da mit seinem Schlafanzug!» Da wußte ich, daß ich auf dem richtigen Weg war.

Als nächstes entfernte ich die lederne Einlage aus meinem Helm, so daß ich nur noch den blanken Stahl auf dem Kopf hatte. Das gab den Ausschlag.

«Sie sind nicht mehr zu retten», sagte der Feldwebel zu mir und schickte mich in das Militärkrankenhaus Val de Grace. Dort wurde ich einem Oberst vorgeführt, der Psychiater war. Er stellte mir allerlei Fragen. Aber ich erwiderte kein Wort und tat, als würde ich überhaupt nichts verstehen. Er brach die Untersuchung ab und ordnete an, daß ich wiederkommen müsse.

Bei der zweiten Untersuchung in Val de Grace begann der Oberst zunächst wieder mit seinen Fragen. Als ich nicht antwortete, sagte er plötzlich: «Junger Mann, Sie sprechen nicht und glauben, mich damit beeindrucken zu können. Ich weiß aber, daß Sie sprechen können. Sie wollen wahrscheinlich nicht in der Armee bleiben.»

Da faßte ich Vertrauen und gab alles zu. Er gab mir zu verstehen, daß er meine Entlassung aus der Armee erwirken könne, sah es aber als seine Pflicht an, mich zu warnen: «Sie werden einen psychischen Befund erhalten, mit dem Sie auch im Fall eines Krieges nicht eingezogen werden können und nicht mehr als Beamter arbeiten dürfen.»

Beides war mir nur recht. Also versicherte er mir, daß ich schon Weihnachten wieder bei meiner Familie sein könnte.

Da der Algerienkrieg bereits beendet war, stellte es für ihn kein allzu großes Problem dar, mir zu helfen. Nach zwei Monaten wurde ich entlassen. Meine Familie war zu diesem Zeitpunkt finanziell am Ende. Ich mußte mir etwas einfallen lassen.

Seit jeher verband ich mit dem Begriff Geld zwei Namen: Rockefeller und Rothschild. In meiner Not begab ich mich während eines Ausgangs in die Rue Lafitte zum Hauptquartier der Rothschild-Bank.

Bekleidet mit der Soldatenuniform, meldete ich mich beim Pförtner und erklärte, daß ich Hilfe bräuchte. Ich weiß nicht mehr, welche Worte ich fand, um den Mann zu bewegen, mich vorzulassen. Aber zwanzig Minuten später saß ich einer Dame gegenüber, die sich um Sozialfälle kümmerte.

Ich schilderte ihr mein Problem. Sie erbat Namen und Adresse des Gymnasiums, an dem ich gearbeitet hatte, und versprach, mir zu helfen.

Drei Wochen hörte ich nichts von ihr. Dann erhielt ich einen Scheck über zwei volle Monatsgehälter und einen netten Brief von einem Herrn Rothschild mit den besten Glückwünschen für eine erfolgreiche Zukunft. Meine Zukunft stand allerdings noch in den Sternen, denn als ich kurz vor Weihnachten aus der Armee entlassen wurde, hatte ich keine Arbeit.

Citroën
oder
Wie alles anfing

In Paris, eine Frau, ein Kind und weniger als
dreitausend Francs, alles in allem.
Es mußte etwas geschehen.

Jean Anouilh

Kunden in der Küche

Meiner Familie hatte ich nichts von meiner Kündigung gesagt. Liliane wunderte sich zwar, daß ich plötzlich so häufig zu Hause war. Aber ich erfand tausendundeine Ausrede von ausgefallenen Stunden und dergleichen.

Arbeitslosigkeit stellte damals kein Problem dar. Die Zeitungen waren voll mit Jobangeboten. Doch für welchen Beruf sollte ich mich entscheiden?

Da stieß ich auf eine Stellenausschreibung für einen Autoverkäufer bei einer Citroën-Niederlassung, die so verlockend klang, als solle die Position eines Generaldirektors besetzt werden. Gleich am nächsten Tag begab ich mich zu der angegebenen Adresse in die Rue Saint Lazare, wo ich einer unter mehreren war, die sich um diesen Job bewarben. Wir mußten jeder einen Fragebogen ausfüllen und unseren bisherigen Werdegang darlegen. Anschließend fand ein persönliches Gespräch mit dem Personalchef, Monsieur Pelsenaire, statt.

Er überflog den von mir ausgefüllten Fragebogen und blickte mich erstaunt an. «Sie sind Gymnasiallehrer», stellte er fest. «Wissen Sie, daß wir hier Verkäufer suchen?»

«Mag sein», erwiderte ich. «Aber ich habe keinen Job und muß irgendwo anfangen.»

Er brachte noch einige Einwände vor, doch als ich beharrlich bei meiner Entscheidung blieb, Autoverkäufer werden zu wollen, stellte er mich an der Peripherie von Paris in einer großen Citroën-Niederlassung vor.

Bei dieser ersten Begegnung mit dem jungen Inhaber der Niederlassung, Monsieur Dechamps, kam mir das Glück zu Hilfe. Denn statt mich als unerfahren abzulehnen, fand Monsieur Dechamps Gefallen an mir und stellte mich mit sehr viel Stolz ein – der Gymnasiallehrer, der Autos verkaufen will.

«Jetzt werden Sie nicht mehr die Eltern Ihrer Schüler empfangen», sagte er in freundschaftlichem Ton, «sondern Sie müssen Klinken putzen, bei den Leuten an die Türen klopfen und Autos verkaufen.»

Ich wurde einer Gruppe von erfahrenen Verkäufern zugeteilt, deren Sprache ich anfangs kaum verstand. Für sie war ich wie der Vogel, der ins Aquarium gefallen war. Sie nahmen mich jedoch herzlich auf und fühlten sich eher geschmeichelt, daß jemand mit meiner Ausbildung diesen Beruf ergriff, der nicht unbedingt in hohem gesellschaftlichem Ansehen stand.

Meine Familie reagierte anfangs sehr zurückhaltend auf meine neuen Berufsaussichten und schämte sich fast ein wenig. Doch als ich nach einem Monat den ersten Scheck nach Hause brachte, waren alle Vorbehalte vergessen.

Ich verdiente dreimal soviel wie als Lehrer, und das bei weitaus geringerem Zeitaufwand. Auch stand mir als Verkäufer ein Wagen zur Verfügung, was für meine Familie eine große Erleichterung bedeutete.

Das Verkaufssystem von Citroën war sehr durchdacht. Jeder Verkäufer bekam einen ziemlich großen Bezirk zugeteilt, über dessen Bewohner er eine Kartei anlegte. Diese Kartei mußte ständig auf dem laufenden gehalten werden. Ich übernahm die Kartei meines Vorgängers, der sehr gut vorgearbeitet hatte. Wir besuchten die Bewohner regelmäßig zu Hause und fragten sie, welches Auto sie fuhren, ob sie damit zufrieden seien und wie lange sie es noch behalten wollten.

Auf diese Weise erfuhr man, wann der potentielle Kunde den Kauf eines neuen Wagens erwog.

Zu gegebener Zeit sprach man dann wieder vor:

«Guten Tag, ich komme von Citroën. Sie haben mir vor einem Jahr erklärt, Sie würden jetzt darüber nachdenken, ein neues Auto zu kaufen. Komme ich zu früh oder zu spät? Wollen wir gemeinsam darüber nachdenken?»

Zu Beginn wurde ich bei meinen Hausbesuchen von einem Citroën-Inspektor begleitet. Er blieb einige Stockwerke unter mir im Treppenhaus und lauschte, wie ich meine Gespräche führte.

Ich habe es noch nie gemocht, wenn man mich bei dem, was ich tue, beaufsichtigt, und ich versuchte deshalb alles, um in die Wohnung eingelassen zu werden. Hieß es dann tatsächlich: «Kommen Sie doch rein», schloß ich mit Genugtuung die Tür hinter mir.

Am nächsten Tag war der Inspektor böse, weil er kein Urteil über mich abgeben konnte.

Für mich aber war die Hauptsache bei jedem Verkaufsgespräch, am Ort des Geschehens zu sein. Und das war nicht der Flur, sondern die Küche.

ntscheidend für das Gelingen meines Verkaufs waren die ersten zwanzig Sekunden, nachdem man geklopft hatte und die Tür zögernd geöffnet wurde. Ich entwickelte sogar eine «Theorie der ersten zwanzig» – der ersten zwanzig Sekunden, der ersten zwanzig Worte, der ersten zwanzig Schritte.

Gelang es in diesen ersten zwanzig Sekunden nicht, Vertrauen zu erwecken und sich mit seinem Vorhaben durchzusetzen, dann war das Gespräch verloren, auch die größte Beredsamkeit half dann nicht mehr.

Man muß zum Verkäufer geboren sein. Es gehören dazu Eigenschaften, die man nicht lernen kann. Lernen kann man lediglich einige Tricks und organisatorische Fertigkeiten, wie man seine Arbeit systematischer gestaltet.

Ich hatte Freude an dieser Tätigkeit und stellte fest, daß der Beruf des Lehrers und der des Verkäufers sich ähnlicher sind, als man gemeinhin denkt. Ob man Ware oder Wissen verkauft, hat auf die Methodik kaum Einfluß. Der gute Verkäufer ist immer auch ein richtiger Pädagoge.

Ich fände es durchaus überlegenswert, Lehrer auch einmal zu Verkaufsseminaren zu schicken. Das könnte der Kunst der Pädagogik nur förderlich sein und dazu beitragen, das ungerechtfertigte negative Image des Berufs des Verkäufers zu revidieren.

Bei Citroën war es damals gängige Praxis, den kaufwilligen Kunden in den Schauraum mit den funkelnden Neuwagen einzuladen, um dort, vor einschlägiger Kulisse, das Verkaufsgespräch zu führen.

Davon hielt ich nichts. Ich verkaufte meine Autos ausschließlich am Küchentisch. In dem Schauraum fühlte der

Kunde sich von allen Seiten attackiert – der Ort mußte ihm in meinen Augen wie ein Gefängnis vorkommen, aus dem es kein Entkommen gibt. Wenn er gehen wollte, mußte er erst demonstrativ seinen Mantel anziehen und seine Kinder zusammentrommeln.

Bei sich zu Hause dagegen war er in seinem eigenen Revier. Die Gewißheit, mich jederzeit rauswerfen zu können, vermittelte ihm ein Gefühl der Sicherheit. Das machte ihn nachgiebig. Er entwickelte kein Abwehrverhalten gegen den Verkäufer, und ich konnte ihn müheloser zu einem Kauf überreden. Auch fiel es mir am Küchentisch leichter, die ganze Familie in das Verkaufsgespräch zu involvieren. Manchmal unterbrach ich die Verkaufsverhandlungen für eine Weile, um mich mit den Kindern zu unterhalten. Vor allem aber wandte ich mich an die Frau. Das war damals für einen Verkäufer noch sehr ungewöhnlich, um so mehr, als ich im wesentlichen in klassischen Arbeitervierteln tätig war, wo die Frauen nicht viel zu sagen hatten.

Wenn ich spürte, daß ich einem typischen «Macho» gegenübersaß, wurde meine Entschlossenheit eher noch größer, die Frau auf meine Seite zu ziehen. Mitunter trieb ich das Spiel so weit, daß ich es ablehnte, ein Auto zu verkaufen, wohl wissend, daß ich am nächsten Tag ein besseres Geschäft machen würde. Dafür aber brauchte ich einen Bündnispartner, und das war immer die Frau.

Ich wußte, daß sie nach meinem Weggehen ihrem Mann Vorwürfe machen würde. Erschien ich am nächsten Tag wieder, hatte die Frau ihrem Gatten so zugesetzt, daß er ohne große Probleme den Kaufvertrag unterzeichnete. Ich blieb dann meist noch eine Weile, um den Mann in seiner

Entscheidung zu bestärken. Arbeitete man systematisch mit der Kartei, dann konnte es gelingen, mehr als fünfzig Prozent der Kunden dazu zu bringen, gegen ihren Willen ein Auto zu kaufen.

Wenn der Kunde das Auto übernahm, war ich stets anwesend. Meistens kam auch die Frau mit und war sehr stolz darauf, an dem Kauf mitgewirkt zu haben. Auch war ich immer da, wenn der Kunde Ärger mit seinem Auto hatte und zur Werkstatt kam. Ich blieb auch nach dem Kauf immer ein Gesprächspartner für meine Kunden, was mir des öfteren die Kritik meiner Vorgesetzten eintrug. Für technische Probleme an den Wagen, so hieß es, seien die Spezialisten in der Werkstatt zuständig, und der Verkäufer könne dabei ohnehin nicht helfen.

Ich war überzeugt, man dürfe Verkauf und Kundenbetreuung nicht getrennt betrachten, und der Kunde müsse von einem Kauf bis zum nächsten einen Ansprechpartner zur Verfügung haben. Zumal das Kunststück nicht darin besteht, nur *ein* Auto, sondern demselben Kunden auch das nächste noch zu verkaufen.

Tatsächlich dankten mir die Kunden für meinen Einsatz mit besonderer Treue, und mit der Zeit schuf ich mir ein großes Netz an Verbündeten, denn da sie mit mir zufrieden waren, empfahlen sie mich weiter. In meinem Rekordmonat verkaufte ich 42 Autos.

Am Ende jeden Monats fand ein Wettbewerb statt. Wer die meisten Autos verkauft hatte, bekam eine Superprämie. Dieser Wettbewerb entwickelte sich jedesmal zu einem spannenden Spektakel.

Keiner wollte zunächst genau sagen, wie viele Autos er

verkauft hatte. Man behielt immer eine Reserve in der Tasche. War der Gewinner ermittelt, zog plötzlich einer der Kollegen noch zwei Verträge aus der Tasche. Irritiert korrigierte der Inspektor das Ergebnis.

Eines Tages lud mich Monsieur Dechamps zu einem Mittagessen ein und unterrichtete mich über den Verkauf der Filiale an Renault.

«Ich rate dir, nicht bei uns zu bleiben. Ich weiß, daß ich mir damit selbst schade, denn du bist einer unserer besten Verkäufer. Aber du hast eine andere Karriere verdient.»

Aus seinen Worten sprach eine Großzügigkeit, die ich nie vergessen habe. Ich mußte an den Gymnasialdirektor denken, der mir bei meinem Ausscheiden als Lehrer ähnliches gesagt hatte.

Es war seltsam, daß diese Menschen mir etwas zutrauten, woran ich selbst gar nicht dachte.

Ich hatte keine Karrierestrategie, kein Langzeitprogramm für meinen beruflichen Aufstieg im Kopf. Planungen waren mir fremd. Ich lebte in der Gegenwart und genoß mit voller Intensität, was sich hier und heute bot.

Eine ungewöhnliche Karriere

Mit dem Rat von Monsieur Dechamps, nicht bei Citroën zu bleiben, begann meine selbst im Rückblick noch ungewöhnliche Karriere.

Ich war nicht als Autonarr ins Erwachsenenleben eingetreten, nicht einmal als Autokenner. Aber merkwürdigerweise kam mir gerade dieser Umstand zugute.

Bei Citroën wurde ich zum Gruppenchef ernannt. Ich führte die Verkäufer einer Niederlassung in der Nähe des Gare de Lyon und war für das Marketing der Filiale verantwortlich, für Schaufenstergestaltung und Verkaufsaktionen.

Ich war damals 26 Jahre alt und erhielt einen Dienstwagen, den legendären DS 19.

Wir schrieben das berühmte Jahr '68 der Studentenrevolte, die sich in Paris fast zu einem Bürgerkrieg auswuchs. In dieser Zeit haben wir mehr mit unseren Chefs Karten gespielt als gearbeitet.

In Paris herrschte Mangel an unterschiedlichsten Waren und Lebensmitteln. Ich erinnere mich noch der schweren Lkws, die vollbeladen mit deutschen Gütern durch Paris rasten. Meine Kollegen holten mich jedesmal ans Fenster, um zu erfahren, was die Aufschriften bedeuteten.

Auf einem zweiwöchigen Seminar für Gruppenführer in Le Mans erschien eines Abends Monsieur Perot, der Personalchef von Citroën, und wir stellten fest, daß wir uns beide mehr für Literatur, Psychologie und Philosophie interessierten als für Autos. Der gebildete und schöngeistig orientierte Monsieur Perot war sehr davon angetan, sich mit einem ehemaligen Verkäufer über Weltliteratur unterhalten zu können.

Mich muß dieses Gespräch in helle Aufregung versetzt haben, denn an diesem Abend, an dem Glatteis herrschte, fuhr ich meinen schönen neuen Dienstwagen kaputt.

Nach dem Seminar bot mir Citroën eine neue Aufgabe in der Schweiz an. Ich sollte die Hostessen des Automobilsalons in Genf ausbilden, einer der schönsten Jobs, die ich je hatte.

Geleitet wurde die Citroën-Niederlassung in Genf von André Perrey, einem jungen Generaldirektor. Er war geschieden und unterhielt «sehr gute» Beziehungen zu den Damen des Salons.

Die Arbeit mit den Hostessen machte mir Spaß.

Ich begann damit, daß ich ihnen erklärte, wie sie einen potentiellen Kunden ansprechen sollten. Dabei suchte ich so weit wie möglich meine eigenen Erfahrungen zu vermitteln.

«Sie sind Frauen», sagte ich, «also werden die Männer grundsätzlich denken, daß Sie nichts vom Auto verstehen. Darin liegt Ihre Stärke. Sie können sie gerade durch Ihr technisches Wissen überraschen. Sie müssen wissen, wieviel Kubikmeter der Kofferraum faßt, wieviel PS der Motor hat und wie man die Motorhaube öffnet.»

Auch den Damen schien mein Unterricht zu gefallen, denn eines Tages bestellte mich Monsieur Perrey zu sich und sagte wohlwollend: «Ich höre nur Gutes über Sie.»

Offenbar hatte eine der Hostessen, mit der er befreundet war, von mir erzählt. Diese Fürsprache half mir sehr.

Monsieur Perrey war gerade dabei, seine Equipe zu organisieren. Er suchte einen Verkaufsvorstand und bot mir diese Stelle an.

Mit 27 Jahren vom Gruppenleiter einer Pariser Niederlassung zum Verkaufsvorstand in Genf zu avancieren bedeutete einen ungeheuren Karrieresprung. Auch meine Familie konnte diese Nachricht kaum fassen: Als ich in unsere kleine Vorstadtwohnung nach Paris zurückkehrte und Liliane und den Kindern erzählte, wir würden nach Genf ziehen, löste dies allseitige Begeisterung aus.

Bedenke ich heute, daß dies nur der erste von zahllosen weiteren Umzügen war, dann bin ich Liliane unendlich dankbar für ihre Geduld. Ein Umzug mit drei Kindern ist wahrhaftig kein Vergnügen, und da ich meist so in meine berufliche Arbeit eingespannt war, daß ich nicht mithelfen konnte, lastete die ganze Arbeit auf ihr. Aber nicht ein einziges Mal widersetzte sie sich der Mühe. Bereitwillig folgte sie mir überall, wohin meine Karriere mich rief.

Wieder war es mein für einen Vertreter der Automobilbranche ungewöhnlicher beruflicher Hintergrund, auf dem mein Erfolg in der Schweiz beruhte. Ich war das erste Vorstandsmitglied bei Citroën in der Schweiz, das Deutsch sprach, und über Jahre hinweg blieb ich das einzige. Monsieur Perrey hatte mich darum gern bei Verhandlungen dabei, weil man immer darauf gefaßt sein mußte, daß ein

Deutschschweizer Händler in der Aufregung plötzlich Deutsch sprach.

Als Monsieur Perrey mich bei einer dieser Verhandlungen Dr. Suter vorstellte, dem größten Citroën-Händler der Schweiz, der ein Monopol für Bern, Zürich und Basel besaß, und ihm sagte, daß ich Deutsch spräche, war Suter darüber so erfreut, daß er sich zehn Minuten lang mit mir nur auf Deutsch unterhielt. Ich fühlte mich geschmeichelt, zugleich aber war mir die Situation peinlich, denn Monsieur Perrey stand daneben und verstand kein Wort.

Dr. Suter aber wollte auf diese Weise demonstrieren, daß er glaubte, endlich den richtigen Gesprächspartner gefunden zu haben. Fortan betrachtete er sich als mein Mentor und schleppte mich überallhin mit. Ich war der erste, der zu seiner alljährlichen großen Weihnachtsfeier nach Bern eingeladen wurde. Keinem vor mir war diese Ehre zuteil geworden. Kurz bevor ich nach Deutschland versetzt wurde, lud Dr. Suter mich zu einem Abschiedsessen ins Baur au Lac nach Zürich ein. Er trug bei diesem Essen eine wunderschöne goldene Eterna-Armbanduhr, die ich noch nie an ihm gesehen hatte.

Nach dem Essen nahm er die Uhr ab und sagte:

«Herr Goeudevert, das ist die Armbanduhr meines Vaters. Sie soll jetzt Ihnen gehören.»

Mit Rührung nahm ich das Geschenk entgegen. Dieser Bär von einem Mann, der nie Gefühle zeigte, offenbarte sich mir plötzlich als sehr gefühlvoller Mann.

Ich besitze die Uhr noch heute und trage sie nur zu ganz besonderen Anlässen.

Daß ich mich mit Monsieur Perrey gut verstand, war nicht weiter verwunderlich. Wir waren beide jung und empfanden Sympathie füreinander. Robert Sommer aber, der André Perrey ein halbes Jahr nach meiner Ernennung zum Verkaufsvorstand als Generaldirektor ablöste, war vordem Direktor der Region Lyon gewesen und galt als erfahrener Citroën-Manager. Wenn er mich akzeptierte, dann sollte ich anfangen, endlich an mich zu glauben.

Es stellte sich heraus, daß die Zusammenarbeit mit ihm sogar noch besser funktionierte als mit André Perrey. Wir verstanden einander blendend. Und als er eineinhalb Jahre später nach Frankreich berufen wurde, erkor er mich zu seinem Nachfolger.

In Robert Sommers Fußstapfen hatte ich keinen leichten Stand. Ich übernahm eine Verantwortung, auf die ich nicht vorbereitet war.

Um dieser Position gewachsen zu sein, mußte ich sehr viel neues Wissen erwerben. Ich hatte gelernt, wie man Bilanzen sowie Gewinn- und Verlustrechnungen erstellte. Aber alle Aufgaben, die mit der Lagerführung und Werkstattverwaltung zusammenhingen, mußte ich von meinen Kollegen lernen.

Auf ihre Hilfe konnte ich allerdings nur bauen, weil ich immer darum bemüht gewesen war, gute Kontakte mit ihnen zu pflegen. Sonst hätten sie mich in einer solchen Situation einfach hängenlassen – frei nach der Maxime: je weniger der weiß, desto größer ist meine Chance, seine Position zu übernehmen.

Ohne große Anstrengungen gelang es mir, ein Klima der Verbindlichkeit um mich herum zu schaffen. Man wollte dazugehören und war froh, einer von der Gruppe zu sein. Dieses Gefühl der Zusammengehörigkeit übertrug sich über den engsten Führungskreis hinaus auch auf die anderen Mitarbeiter. Ich habe daraus gelernt, daß auch in Großfirmen zusammen feiern genausoviel Bedeutung hat wie der Besuch von Fachseminaren. Leider wird häufig viel mehr Geld für Seminare ausgegeben als für die Pflege der Kultur des Unternehmens.

Selbst wenn man heute dem ausgekochten Professionalismus und dem hemdsärmeligen Pragmatismus den Vorzug gibt – ich halte an meiner Erfahrung fest, daß man durch Motivierung seiner Mitarbeiter viel mehr erreichen kann. Ich würde es sogar lieber Animation nennen, von dem lateinischen Wort anima, Seele. Erst später habe ich den schönen, weisen Satz des griechischen Dichters und Philosophen Aristophanes entdeckt: Menschen zu erziehen ist in keinem Fall, Wasser in eine Vase zu gießen, Menschen zu erziehen ist, ein Feuer anzuzünden.

Menschen spüren sehr deutlich und mit großer Dankbarkeit, wenn man sie respektiert. Es gelang mir, eine Atmosphäre des Vertrauens zu schaffen, in der ich ohne Härte und Gewalt führen konnte, in der nicht einer allein alles besser wußte und in der Hierarchien und Strukturen keine Hemmschwelle für die Entfaltung der Persönlichkeit darstellten.

1994 hat sich Robert Sommer das Leben genommen. Er war ein warmherziger, doch sehr introvertierter Mann, und als seine Frau bei einem Flugzeugunglück im Senegal ums Leben kam, bedeutete dies für ihn wohl einen größeren Schock, als seine Freunde erkannten.

Ich war damals nicht mehr bei Citroën und erfuhr nur über Dritte von diesem Unglück.

Wenn man innerhalb derselben Branche das Unternehmen wechselt, trennt man sich unweigerlich auch von seinen Freunden. Als Mitarbeiter eines Konkurrenzunternehmens kann man nicht mit einem Citroënchef sprechen. Dies würde auf beiden Seiten den Verdacht erwecken, es werden Indiskretionen ausgetauscht.

Als ich später bei Volkswagen war, wies ich einen Journalisten auf Robert Sommer hin, der sich mit ihm in Verbindung setzte und mir dann sagte: «Der liebt Sie über alles.»

Nach dieser Mitteilung ließ ich die Konvention fahren und rief ihn an. Und zuletzt sah ich ihn bei der Feier seines sechzigsten Geburtstages.

Im September 1994 wurde er pensioniert. Er zog sich nach Nizza zurück, wo er in der Nähe seiner beiden Kinder wohnte. Als ich ihn besuchen wollte, erfuhr ich, daß er sich erschossen hatte. Heute mache ich mir Vorwürfe, den Kontakt zu Robert Sommer nicht so gepflegt zu haben, wie ich es aufgrund meiner Dankbarkeit hätte tun sollen.

Wenn Menschen, die ihr Leben lang für ein Unternehmen tätig waren, ganz gleich in welcher Position, plötzlich aus ihrer Verantwortung entlassen werden, dann löst das Angstgefühle aus in einem Umfang, den man manchmal nicht verstehen kann. Kommen auch noch persönliche Schicksalsschläge hinzu, dann kann dies zu Handlungen führen, die man nicht hätte voraussehen können.

«Wenn ich dich da raushole, dann nur in ein Land mit harter Währung», hatte Robert Sommer bei seinem Abschied von der Schweiz gesagt. Und genau diese Worte machte er wahr.

1974 rief er mich an und teilte mir meine Versetzung nach Deutschland mit. Ich sollte Generaldirektor der deutschen Importniederlassung in Köln werden.

Für mich war dieser Anruf wie ein Wunder, denn ich hatte nicht gedacht, daß eine geschäftliche Beziehung, auch wenn sie freundschaftlich war, einen solchen Einfluß auf meine Karriere nehmen könnte.

Der jüngste «General» in Deutschland

Deutschland war für Citroën in Europa das größte Export-land. 50 000 Autos importierte die Citroën-Niederlassung in Köln im Jahr und hatte 700 Beschäftigte. Und hier begann sich auch erstmals die Aufmerksamkeit der Öffentlichkeit auf mich zu richten. «Der jüngste General in Deutschland», lauteten die Überschriften, mit denen die Presse in Nord-rhein-Westfalen meine Ernennung kommentierte. Als ich meinen Vorgänger Hugues Despointes ablöste, einen echten Diplomaten, der mehr Zeit in der französischen Botschaft als bei den Händlern verbrachte, war ich 33 Jahre alt, genau das richtige Alter, um gekreuzigt zu werden.

Aber meine Tätigkeit in Deutschland brachte mich nicht ans Kreuz, sondern bescherte mir einen beispiellosen Erfolg.

Zunächst mußte ich mich an den Kölner Dialekt und seine – mir anfänglich unverständlichen – Wendungen gewöhnen. Zu allem Überfluß hatte ich in Gerd Andler auch noch einen Schwaben als Verkaufsleiter. Es heißt, Gott läßt die Schwa-ben nicht im Stich. Mein lieber Freund Andler aber ließ mich allzu häufig im Stich. Zu Hilfe kam mir meine Sekretärin, Rosemarie Fischer, eine sehr ruhige und nette Frau, die zwi-schen Gerd Andler und mir immer für Ausgleich sorgte. Ich durfte sie Rosamie nennen. Um in Sitzungen vor den anderen nicht zugeben zu müssen, daß ich nichts verstand, tat ich, als ginge ich zur Toilette, begab mich statt dessen aber heimlich zu ihr ins Büro.

«Rosamie, was kann das heißen?» fragte ich und zitierte einige schwäbische Wortfetzen, die ich aufgeschnappt hatte. Rosamie übersetzte prompt, und ich eilte zurück in die Sitzung.

«Habe ich richtig verstanden, daß Sie meinen...», griff ich den Faden wieder auf und vergewisserte mich, daß Rosamies Übersetzung stimmte.

Auf diese Weise lernte ich Schwäbisch.

Ich hatte die Aufgabe, ein neues Modell, den Citroën GS, einzuführen.

Obwohl Deutschland für die Marke Citroën das wichtigste Exportland war, befriedigte der Absatz nicht. Eine Marke, die grundsätzlich unkonventionelle Modelle auf den Markt bringt, kann zwar auf eine treue Stammkundschaft bauen. Es fällt ihr aber schwer, neue Kunden zu erobern.

Da ich nun zum ersten Mal in dieser Verantwortung in Deutschland tätig war, begab ich mich auf Tournee zu den Händlern und erkundigte mich im einzelnen nach ihren Problemen. Insbesondere wollte ich wissen, welche Preisvorstellungen sie von dem neuen Modell hätten.

Ich kam zu dem Schluß, daß der Preis des neuen Modells unter der magischen Grenze von 10 000 DM liegen mußte. Als Generaldirektor einer Importniederlassung lag es jedoch nicht in meiner Macht, den Preis festzusetzen.

Ich begab mich also nach Oron in der Nähe von Nizza, wo

Robert Sommer seinen Urlaub verbrachte. Robert Sommer hörte sich das Ergebnis meiner Händlerbefragung an und gab sein Einverständnis. Der neue Citroën GS sollte in Deutschland zu einem Preis von 9580 DM angeboten werden.

Robert Sommer setzte ungeheures Vertrauen in mich, und der spontane Erfolg, den die Einführung des neuen Modells brachte, gebührt zur Hälfte ihm. In wenigen Wochen stiegen die Verkaufszahlen in den Himmel. Bei den Händlern löste dieser Ansturm natürlich große Begeisterung aus, und noch heute unterhalte ich gute Kontakte zu Citroën-Händlern.

Aber noch jemand anders wurde auf diesen Verkaufserfolg aufmerksam. Ende 1976 erhielt ich einen Anruf aus dem Büro von Philippe Lamirault, dem Verkaufsvorstand von Renault in Frankreich. Er lud mich zu einem Gespräch in die deutsche Renault-Niederlassung nach Brühl ein.

Ich war naiv genug, die Einladung für eine konventionelle Höflichkeitsgeste zwischen benachbarten Firmen zu halten. Monsieur Lamirault aber versuchte erst gar nicht, mit seiner Absicht hinter dem Berg zu halten: Er wollte mich abwerben. «Renault ist mit Abstand die größte Marke in Frankreich», betonte er beim Abschied.

Nach diesem Gespräch war ich total aus dem Lot. Ich lebte wie im Rausch. Daß ich Karriere machte, war mir gar nicht recht bewußt. Ich fühlte mich glücklich in der Gegenwart und dachte überhaupt nicht an die Zukunft.

Citroën hatte mich geprägt. Das Unternehmen war in meinem Leben eine Insel, ein exterritorialer Garten Eden, ganz anders als der übrige Teil von Wirtschaft und Gesellschaft.

Man konnte nicht Mitarbeiter von Citroën sein, ohne sich nicht auch emotional mit der Marke zu identifizieren.

Heute hat sich das geändert, Peugeot hat einen völlig anderen Geist in die Firma getragen. Citroën ist ein rationales, gewinnorientiertes Unternehmen geworden. Die Manager, die heute dort arbeiten, sind ganz andere Persönlichkeiten als zu meiner Zeit. Sie haben das Lachen verlernt. Wir haben damals mindestens soviel gelacht wie gearbeitet. Aber vor allem haben wir gut gearbeitet, weil wir durch das Gefühl der Zusammengehörigkeit Spaß an der Arbeit hatten.

Die Geschichte der Firma Citroën war von Generation zu Generation von Leidenschaften und permanent drohendem Ruin geprägt.

Es begann mit André Citroën, der im Spielkasino von Deauville sein gesamtes Vermögen verlor und 1919 mit immensen Krediten die Waffenfabrik am Quai de Javel in Paris zu einer Produktionsstätte für die ersten europäischen Fließbandautos umbauen ließ.

Nachdem das Unternehmen beinahe an Fiat verkauft worden wäre, wurde es in einem Konkursverfahren von dem Reifenfabrikanten Michelin übernommen.

Danach war das gesamte Management über Jahrzehnte nur damit beschäftigt, ein exklusives Auto zu konstruieren — keiner kümmerte sich darum, ob es überhaupt zu exportieren oder zu verkaufen war. Eher zufällig wurden Außenstehende auf den Wagen aufmerksam und waren fasziniert davon.

1955 bildete dieser neue Citroën den Mittelpunkt des Pariser Automobilsalons: Der DS, ausgesprochen: déesse, auf deutsch: die Göttin. «Die Déesse», so schrieb der französische Philosoph Roland Barthes, «hat alle Wesenszüge eines jener Objekte, die aus einer anderen Welt herabgestiegen sind, von denen die Neomanie des 18. Jahrhunderts und die unserer Science-fiction genährt wurde. Es handelt sich bei diesem Auto um humanisierte Kunst, und es ist möglich, daß die Déesse einen Wendepunkt in der Mythologie des Automobils bezeichnet. Bisher erinnerte das Automobil eher an das Bestiarium der Kraft. Jetzt wird es zugleich vergeistigter und objektiver.»

Der DS vereinte zu seiner Zeit alle Ergebnisse intelligenter Überlegungen und Erfindungen, die später von anderen Automobilherstellern übernommen wurden: Scheibenbremsen an der Vorderachse, Hydropneumatik und Knautschzone.

Mein ganzes technisches Wissen über das Auto verdanke ich Citroën. Zu diesem Unternehmen hatte ich ein geradezu sinnliches Verhältnis, es zu verlassen war mir unvorstellbar. Ich konnte mich nicht entschließen, Renault mein Ja-Wort zu geben. Dann aber kam es zu einem Ereignis, das meine Entscheidung schließlich bestimmte.

Anfang der siebziger Jahre befand sich Citroën zum wiederholten Mal in einer schweren Krise und sollte von Peugeot übernommen werden.

Die gesamte oberste Führungsriege, etwa 150 Mitarbeiter, wurde nach Paris zusammengerufen, um die Antrittsrede des neuen Peugeot-Mannes, Monsieur Taylor, zu hören. Er präsentierte sich als ein Mann, der angetreten war, um das Unternehmen endlich auf den richtigen Kurs zu bringen. Er machte unmißverständlich klar, daß vom Gesichtspunkt der Rentabilität und der Qualität der Produkte Peugeot Citroën bei weitem überlegen war.

Ich habe später noch oft derartige Reden gehört, wahrscheinlich selbst auch solche gehalten. Im Falle von Citroën aber war eine solche Ansprache ganz falsch.

Monsieur Taylor hatte nicht begriffen, daß er keine gewöhnlichen Führungskräfte eines normalen Automobilkonzerns vor sich hatte, sondern Citroën-Manager, die ganz anders arbeiteten und dachten, die – ständig vom Konkurs bedroht – Autos erfanden, die damals in der Welt der Automobile einzigartig und ihrer Zeit weit voraus waren. Sie auf Stromlinie zu trimmen hieß, ihnen ihre Identität zu nehmen.

Nach der Ansprache von Monsieur Taylor ging ich mit Robert Sommer in dessen Büro. Wir waren uns einig, daß dieser neue Mann das Unternehmen auch nicht voranbringen würde. Kurz zuvor hatte ich Robert Sommer erzählt, daß Renault mir ein Angebot gemacht hatte.

Robert Sommer sagte zu mir: «Goeudevert, ich muß weiter mein schwarzes Brot fressen. Aber Sie sind ein junger Mann, nehmen Sie Ihr eigenes Interesse wahr.»

Damit war meine Entscheidung gefallen.

In Monsieur Taylor hatten wir uns allerdings beide getäuscht. Er blieb nur ein halbes Jahr bei Citroën. Dann wurde er von der obersten Peugeot-Führung wieder zurückgerufen. Er war zu sehr Citroën-Manager geworden.

Renault
oder
Wie ich das Stolpern lernte

Mißerfolg ist eine Chance,
es beim nächsten Mal
besser zu machen.

Henry Ford

Der Schreibtisch des Monsieur Dreyfus

Im Frühjahr 1975 lud mich Monsieur Lamirault nach Paris zu einem Gespräch mit Pierre Dreyfus, dem Präsidenten und Generaldirektor des Automobilkonzerns Régie nationale des usines Renault. In Monsieur Dreyfus begegnete ich wiederum einer ungewöhnlichen Persönlichkeit. Ich hatte in meinem Leben stets das Glück, auf interessante Menschen zu stoßen. Vielleicht gehört es auch zu meiner Naivität, daß ich mich leicht von anderen faszinieren lasse.

Pierre Dreyfus stand damals kurz vor seinem Ausscheiden aus dem aktiven Management. Er trat dann wieder der Sozialistischen Partei bei und wurde 1981 von dem Ministerpräsidenten Pierre Mauroy zum Industrieminister berufen. Ende 1994 starb er im Alter von 94 Jahren.

Als ich zur vereinbarten Zeit sein Büro betrat, lag auf seinem Schreibtisch nichts als ein Brieföffner. Das imponierte mir. Ich hatte immer gedacht, ein leerer Schreibtisch stünde einem Chef schlecht an. Darum lagen bei mir immer alle möglichen unnötigen Papiere herum. Jeder Besucher sollte sehen, wie beschäftigt ich war. Und dann kam ich zum Chef des größten Industriekonsortiums Frankreichs, und er hatte nicht ein einziges Papier auf seinem Schreibtisch liegen.

Pierre Dreyfus war ein kleiner, magerer, krank aussehender Mann. Er empfing mich sehr freundlich.

«Erzählen Sie mir, was Sie gemacht haben», forderte er mich auf.

Ich erzählte ihm, daß ich Literatur und Sprachen studiert hätte und dann nach einem Fauxpas in der Armee angefangen hätte, Autos zu verkaufen.

Da schaute mich Dreyfus mit seinen klugen Augen an und sagte: «Verstehe ich richtig, daß Sie vom Automobil und von der Automobilwirtschaft nie etwas gelernt haben?»

Ich mußte zugeben, daß dies wohl der Fall sei.

«Dann sind Sie mein Mann. Diese Wirtschaftsbranche braucht Menschen, die nicht immer behaupten, sie wüßten alles.»

Dann erzählte er mir, daß er selbst Rechtswissenschaft und Geschichte studiert habe und das Automobil auch nicht sein Fach sei. Am Ende unseres Gesprächs wollte Monsieur Dreyfus wissen, ob ich noch Fragen hätte, und ich konnte es nicht unterlassen, mich nach der Leere auf seinem Schreibtisch zu erkundigen.

«Wie machen Sie es, Herr Präsident, daß Sie kein Blatt Papier auf Ihrem Schreibtisch liegen haben?»

«Das ist ganz einfach», erwiderte er, «ich habe ein hervorragendes Sekretariat.» Er erklärte mir, daß er jeden Vorgang sofort erledige und für sich kein Duplikat anfertigen lasse. «Ich weiß, daß in meinem Vorzimmer alles perfekt geregelt ist. Warum sollte ich hier die Schränke voll haben? Das wäre Mangel an Vertrauen. So behalte ich die Freiheit zum Nachdenken, und das ist», so fügte er hinzu, «die am wenigsten gefährliche Tätigkeit.»

Dieses Gespräch ermutigte mich, Lamirault endgültig ja zu sagen.

Nachdem ich mit meiner Familie nach Frankreich zurückgekehrt war, schickte Lamirault mich sechs Monate lang zu den Renault-Niederlassungen in den einzelnen Städten, damit ich das Unternehmen kennenlernte.

Bei Citroën hatte ich in Köln in einem Diensthaus gewohnt. In Frankreich aber besaß ich keine Unterkunft. Ich mußte erst einmal eine Behausung für meine Familie finden. Doch Lamirault wußte auch dafür eine Lösung.

Er war Oberbürgermeister eines kleinen französischen Dorfes 130 Kilometer von Paris. In diesem Dorf gab es alte aufgelassene Bauernhöfe zu verkaufen, von denen er mir einen unterjubelte.

Bei dem alten Gemäuer, das wir erwarben, handelte es sich eher um eine Ruine als um ein bewohnbares Haus. Wir mußten alles vollständig renovieren lassen. Zum Glück hatten wir in diesem Jahr einen warmen Frühling und einen trockenen Sommer. Denn während ich durch Frankreich reiste, hauste meine Familie vier Monate lang ohne Fenster und Türen. Nach der Renovierung allerdings war das Haus sehr hübsch, und es wird von meiner Familie noch heute in den Ferien benützt.

Die erste Station meiner Reise durch die Renault-Niederlassungen war Bordeaux. Von dort ging es weiter nach Lyon und Marseille.

Wie ich später erfuhr, kam ich nicht durch Zufall in diese Städte, sondern wurde bewußt dorthin geschickt, weil sie zum Netzwerk von Lamirault gehörten.

Kaum war ich wieder abgereist, rief Lamirault dort an und zog Erkundigungen über mich ein. Offensichtlich fielen die Urteile positiv aus. Doch zweifle ich, daß diese Einschätzungen aufrichtig waren. Schließlich hatte Lamirault selbst mich geschickt. Und welcher Mitarbeiter würde schon wagen, dem Verkaufsvorstand mitzuteilen, daß seine Wahl falsch war?

Eine seiner Bemerkungen allerdings überraschte mich.

«Sie haben meine Kollegen sehr beeindruckt», betonte Lamirault, «weil Sie Ihre Zeit bei Citroën mit keinem Wort erwähnt haben.»

Ich hatte es gar nicht bewußt vermieden, über Citroën zu sprechen. Es entsprach vielmehr meiner natürlichen Neigung, mich weder um die Zukunft zu sorgen noch mich länger mit der Vergangenheit zu beschäftigen. Lamiraults Worte machten mir zum ersten Mal bewußt, daß eine Firma nicht nur ein wirtschaftlich organisiertes System darstellt, sondern eine eigene kulturelle Identität besitzt, die auf Aggressionen von außen empfindlich reagiert. Wechselt man von einem kulturellen Umfeld in ein anderes, so ist es falsch, das alte überhaupt zu erwähnen – gleich ob positiv oder negativ. Äußert man sich positiv, fühlen sich die neuen Mitarbeiter verletzt und beleidigt. Läßt man sich zu negativen Äußerungen hinreißen, gilt man als Miesmacher.

Am Ende meiner Tour stand fest, daß Renault mich einstellen würde. Bis dahin hatte ich in all den Verhandlungen nicht ein einziges Mal gefragt, worin meine zukünftigen Aufgaben bestehen sollten. Auch über Geld war kein Wort gefallen.

Als Liliane, die im allgemeinen alle beruflichen Entscheidungen allein mir überließ, wissen wollte, welche Position man mir denn in Aussicht gestellt habe, konnte ich nur Vermutungen anstellen.

«Wahrscheinlich wird man mich nach Österreich schicken», mutmaßte ich. Was die Größe des Automobilmarktes betrifft, wäre Österreich für mich ein mit der Schweiz vergleichbares Land gewesen.

Meine Vermutung erwies sich als falsch.

Als Pierre Dreyfus mich anrief und mich zu meiner erfolgreichen Tournee beglückwünschte, erfuhr ich, daß mein Bestimmungsland abermals Deutschland sein sollte.

Die deutsche Niederlassung in Brühl mit einem Import von 150000 Autos jährlich und 2000 Mitarbeitern war für Renault die größte Importgesellschaft.

Ob man mich wohl als Verkaufsdirektor einsetzen würde?

Pierre Dreyfus machte eine Pause, und ich seufzte:

«Décidément, das ist mein deutsches Schicksal.»

Und dann fragte ich: «Ist es Verkauf oder Marketing?»

«Nein», antwortete Dreyfus, «Sie werden Vorstandsvorsitzender unserer deutschen Niederlassung.»

Nach dieser Eröffnung war ich sprachlos.

Mein deutsches Schicksal

Vor mir war die deutsche Renault-Niederlassung in Brühl von Monsieur Hermann geleitet worden. Verständlicherweise mißfiel es ihm, abgelöst zu werden, und zum Abschied hatte er sich einen hübschen kleinen Racheakt überlegt.

Bei einem Wechsel des Vorstandsvorsitzenden ist es üblich, die gesamte Händlerschaft einzuladen, damit sie den neuen Mann kennenlernt. Der Ausscheidende legt an einem solchen Tag noch einmal dar, was er alles gut und richtig gemacht hat, und der Neue erläutert, was er trotzdem noch alles besser zu machen gedenkt. Die ganze Veranstaltung folgt einem eingespielten Ritual.

Monsieur Hermann aber nahm seinen erzwungenen Abschied zum Anlaß, vor den etwa tausend Händlern eine Stunde frei zu sprechen. Als gebürtiger Elsässer hatte er Deutsch als Muttersprache gelernt, und obendrein lebte er seit Jahren in Deutschland. Er beherrschte die deutsche Sprache hervorragend. Diesen Trumpf spielte er aus.

Während er redete, ging er demonstrativ auf und ab, um deutlich zu machen, daß er kein Manuskript benutzte. Er wußte, daß er mich damit in eine fürchterliche Situation brachte, denn ich beherrschte damals die deutsche Sprache

noch längst nicht so gut und hätte meine Antrittsrede able-
sen müssen.

Ich zog mich aus der Affäre, indem ich das Manuskript
meiner Rede in der Tasche ließ. Nach einer kurzen Begrü-
ßung betonte ich gegenüber der Händlerschaft, ich würde
mich auf persönliche Kontakte freuen – wissend, daß Monsieur Hermann die nicht hatte – und erst dann eine Rede
halten, wenn ich die Wünsche und Erwartungen der Händlerschaft kennengelernt hätte. Diese Worte trugen mir don-
nernden Applaus ein.

Leider war dieser kleine Triumph so ziemlich der einzige
Erfolg, den ich bei der Renault-Händlerschaft erzielen
konnte. Meine Tätigkeit in Deutschland war nicht gerade erfolgreich, und zum ersten Mal machte ich die Erfahrung des
Stolperns.

Wie sich allerdings später herausstellen sollte, hinterließen
sogar diese Mißerfolge Spuren, die mich wieder auf ein
Sprungbrett brachten.

Zunächst einmal mußte ich lernen, mit einem Vorstands-
system zu arbeiten. Bei Citroën hatte ich zwei Mitarbeiter
gehabt, bei Renault waren es sechs Vorstände. Das bedeutete für mich, der ich meinen Führungsstil sehr stark
auf Kommunikation aufbaute, eine enorme Umstellung.
Ich war plötzlich mit einer Gesellschaft konfrontiert, in
der ich nicht mit allen Mitarbeitern direkte Kontakte halten
konnte.

Ein großer Teil meiner kommunikativen Energie verpuffte
auf dem hierarchischen Weg, und ich mußte feststellen, daß
in den Abteilungen und Etagen darunter nur das ankam, was
der Vorstand aufnehmen konnte. Außerdem hörte ein Teil

der Führungskräfte eher auf die Pariser Zentrale als auf die Anweisungen des deutschen Vorstandes.

Es gibt keine ausgearbeitete Technik der Kommunikation in einem großen Apparat, nicht einmal in der Theorie. Alle vorgeschlagenen Wege sind bestenfalls Krücken, die das Schlimmste verhindern, aber nicht das Beste erreichen können.

Man vergleicht die Führung eines Unternehmens häufig mit dem Manövrieren eines Schiffes. Ich glaube jedoch, daß ein Kapitän sein Schiff weitaus besser kennt als ein Wirtschaftskapitän sein Unternehmen.

Neu war für mich auch die Arbeit mit der Belegschaft, dem Betriebsrat und der Gewerkschaft.

Mitte des Jahres 1976 trat in Deutschland das sogenannte Mitbestimmungsgesetz in Kraft. Es schrieb vor, daß Aufsichtsräte von Kapitalgesellschaften mit mehr als 2000 Arbeitnehmern je zur Hälfte aus Vertretern der Anteilseigner und der Arbeitnehmer bestehen sollten.

Um dieses Gesetz zu umgehen, begrenzte Renault die Zahl seiner Mitarbeiter in Deutschland strikt auf 2000. Der Betriebsrat, der in den Aufsichtsrat wollte, übte deshalb permanent Druck auf mich aus, diese Begrenzung aufzuheben.

Glücklicherweise hatte ich in dieser schwierigen Zeit, als so viel Neues auf mich einprasselte, eine hervorragende Sekretärin: Erika Brings, die perfekt Französisch sprach und über die Sprache hinaus auch die französische Mentalität verstand.

Neu war auch die öffentliche Aufmerksamkeit, die ich – weitaus stärker als bei Citroën – auf einmal erfuhr. Unglücklicherweise unterlief mir unmittelbar nach meinem Amtsantritt schon die erste Dummheit, als ich während der Karnevalszeit in Brühl bei einem Empfang des «Dreigestirns» von einem Reporter gefragt wurde:

«Möchten Sie etwas sagen, Herr Goeudevert?»

«Ja, ich möchte Prinz werden», lautete meine Antwort.

Ich wußte nicht, wie ernst es den Rheinländern mit dem Karneval ist und welches Ausmaß an Verpflichtungen das Amt des Prinzen mit sich bringt.

Prompt stand am nächsten Tag in der Zeitung: Der neue Vorstandsvorsitzende von Renault Deutschland will Prinz von Brühl werden.

Das größte Problem aber, mit dem ich zu kämpfen hatte, waren zweifellos die kulturellen Unterschiede zwischen Deutschland und Frankreich. Die Mannschaft von Renault – und das ist typisch für ein staatliches Unternehmen in Frankreich – bestand aus Absolventen französischer Eliteschulen, die von sich überaus eingenommen waren. Diese Leute betrachteten mich als Exoten, als einen mit einer falschen Erziehung am falschen Ort.

Das Beharren des französischen Hauptquartiers auf dem Grundsatz, daß die erste Reihe der Firma aus Frankreich stammen oder zumindest perfekt Französisch sprechen müsse, hielt ich für einen schweren Fehler. Daß man die französische Sprache in einem Intensivkurs innerhalb von acht Wochen zumindest so weit erlernen konnte, daß man fähig war, eine Unterhaltung zu führen, es in einer gehobeneren Position hingegen mehr auf die Kenntnis der deutschen Mentalität, Kultur und Gesetze ankam, die eben gerade nicht in vier Wochen zu erwerben war, darauf wurde bei Renault wie in fast allen großen internationalen Unternehmen viel zuwenig Wert gelegt.

Ich erinnere mich noch an die Verhandlungen anläßlich der Einstellung eines Personaldirektors. Ich hatte einen wirklich geeigneten Mann gefunden. Da er aber nicht gut Französisch sprach, gab die Zentrale in Paris einem anderen Bewerber den Vorzug, obwohl dieser längst nicht so gute Voraussetzungen mitbrachte. «Wir müssen uns doch mit ihm unterhalten können», erklärte man mir auf meine Einwände.

In allen Unternehmen, in denen ich tätig war, stand ich vor dem Problem, die Mentalitätsunterschiede zwischen Deutschland und dem Rest der Welt zu erklären.

Eine Beobachtung, die bei Franzosen und Amerikanern regelmäßig für Verwirrung sorgte, war das Verhalten deutscher Manager in Sitzungen. Man bewunderte die Höflichkeit, mit der deutsche Manager einander zuhörten und erst dann das Wort ergriffen, wenn der andere ausgesprochen hatte.

«Das hat nichts mit Höflichkeit zu tun», erklärte ich, «sondern mit der Syntax der deutschen Sprache. Im Deutschen steht das Verb gewöhnlich erst am Ende eines Satzes, und wenn man nicht wartet, bis der andere ausgesprochen hat, versteht man nicht, was er sagen will. Es ist also einfach der Satzbau, der die Deutschen in Diskussionen zur Höflichkeit zwingt.»

Auch was die Gestaltung der Produkte anbelangte, kam es zu zahlreichen Mißverständnissen und Fehlinterpretationen. Von den französischen Managern war immer wieder der Vorwurf zu hören, die Deutschen würden ihre Wirtschaft durch strenge Normen, die sogenannten DIN-Normen, vor Importen abschirmen.

Ich wehrte mich gegen eine solche Unterstellung.

«Der Deutsche ist von seinem Naturell her gründlich und auf Perfektion bedacht», betonte ich. «Also setzt er sich die höchsten Normen, um mit dieser Zielvorgabe das beste Produkt zu entwickeln.»

Die Auffassung, daß die deutsche Wirtschaft sich damit vor dem Import anderer Waren schützen wolle, betrachtete ich als Scheinargument, und ich verwies auf die Japaner, die beim Import ihrer Autos keine Probleme mit der Erfüllung der DIN-Normen hatten.

Aber solche Einsichten zu vermitteln bereitete mir erhebliche Schwierigkeiten. So geriet ich immer wieder in Konflikte zwischen der Händlerschaft in Deutschland und dem Hersteller in Frankreich. Ich war ziemlich viel bei den Händlern herumgereist und hatte mit zahlreichen deutschen Verkäufern geredet. Aber es gelang mir nicht, das französische Hauptquartier davon zu überzeugen, daß der deutsche Kunde eine andere Beziehung zum Auto hatte als der französische und wir gut daran täten, diesem Unterschied Rechnung zu tragen.

Zu diesem Zeitpunkt veröffentlichte die Zeitschrift *Stern* eine Studie zur Frage: Was ist für den deutschen Mann das Wichtigste im Leben? Nach Aussage der Studie stand an erster Stelle das Auto und an zweiter Stelle die Frau.

Dieses Ergebnis trug ich bei einer Konferenz in Paris meinen französischen Kollegen vor. Ich erklärte ihnen, daß das Auto in Deutschland nicht einfach als Verkehrsmittel gesehen werde wie in Frankreich. Während es in Frankreich nicht erlaubt ist, bei einem Autounfall, bei dem niemand verletzt worden ist, die Polizei zu rufen, werde in Deutschland schon bei jedem kleinen Auffahrunfall die Polizei alarmiert, und selbst bei einem Kratzer, den man mit bloßem Auge kaum erkennen könne, nähmen die Beamten schon ein Protokoll auf.

Es ist mir übrigens ein Rätsel, daß man nicht die Möglichkeit hat, die Ärzte zu den Patienten wie die Polizisten zu den Autos kommen zu lassen – man muß sich doch, egal in welchem Zustand, heute zum Arzt begeben. Soll das heißen, daß die Gesellschaft den Wert eines Automobils höher stellt als die Gesundheit eines Menschen?

Aber Ausführungen dieser Art trugen mir eher den Vorwurf ein, ich sei bald deutscher als die Deutschen – eine Mutmaßung, die nicht ganz von der Hand zu weisen war. Vielleicht hatte Deutschland mich tatsächlich schon so ergriffen, daß es mir nicht immer gelang, das richtige Fingerspitzengefühl zu wahren und meine Argumente rational vorzutragen.

Hinzu kam der Unmut der Kollegen aus dem übrigen Ausland, die nicht verstanden, warum eine Stunde lang über Deutschland geredet wurde, die Schwierigkeiten in den anderen Ländern hingegen in wenigen Minuten abgehandelt werden mußten.

Renault war damals in Frankreich so erfolgreich, daß man dem Auslandsgeschäft keine große Bedeutung beimaß. Deshalb gelang es mir auch nicht, die französische Zentrale dazu zu überreden, ein Auto zu bauen, das wirklich den Bedürfnissen und den Wertschätzungen der deutschen Kunden entsprochen hätte. Zum Beispiel war die Federung der deutschen Autos immer härter als die der französischen, weil man in Deutschland mit Recht annahm, daß dann die Straßenlage besser sei. Ähnliche Unterschiede gab es bei der Gestaltung der Reifen. Die französischen Autohersteller versahen ihre Modelle mit schmalen Reifen, um den Rollwiderstand und damit den Benzinverbrauch gering zu halten. Dadurch sahen die Autos von hinten aus – so formulierte es einmal ein Franzose – wie ein Vogel Strauß im kurzen Rock. Die deutschen Konsumenten bevorzugten dagegen breite Reifen, denn der Wagen sollte «satt» auf der Straße liegen.

Worüber ich jedoch endgültig stolperte, das war die Einführung des berühmten Renault 14. Dieses Wunder der Renault-Produktion war das erste Auto, das von einem Computer entwickelt worden war.

Wenn Ingenieure ein Auto konstruieren, tun sie dies im allgemeinen mit einem gewissen Sinn für Ästhetik. Aber bei einem Computer, der aus einer Reihe von Daten ein Produkt entwickelt, zählen ausschließlich rationale und funktionale Gesichtspunkte. Die Vorgaben, mit denen sich der Computer beim Renault 14 an die Arbeit machte, betrafen zunächst die Außenmaße, die so gering wie möglich zu halten waren, während gleichzeitig innen ein großer Raum entstehen sollte. Da hinten drei Plätze vorgesehen waren und vorne nur zwei, mußte der Raum hinten zudem breiter sein als vorne und die hintere Sitzreihe etwas erhöht werden.

Das klang alles sehr vernünftig. Aber was bei soviel Vernunft herauskam, war ein abstoßend häßliches Produkt, ein Auto mit einem dicken Hintern und einer ganz kleinen Schnauze, an dessen Seiten keine Linie zur anderen paßte.

Schon den französischen Managern in Paris war das aufgefallen. Aber daß selbst sie das Auto als problematisch empfanden, erzählten sie mir natürlich nicht, und in Frankreich selbst war die Ästhetik eines Autos auch nicht so entscheidend. Wenn man in einem bestimmten Segment des Marktes über drei Millionen Kunden verfügt, entschließt sich in der Relation doch nur ein sehr kleiner Teil der Käufer dazu, die Marke zu wechseln. Das erklärt auch, warum die Marktanteile der Marken sich über Jahre hinweg kaum verändern. Die sogenannte Stammkundschaft, der etwa achtzig Prozent der Käufer zuzuordnen sind, nimmt nur selten einen Wechsel der Marke vor.

Um das ästhetische Problem zu lösen, wurde dann eine zwar witzige, aber selbstmörderische Werbestrategie entwickelt. Da das Auto mit dem breiten Heck und der schmalen Front aussah wie eine Birne, wählten die Renault-Manager als Werbespruch den Satz: Nous coupons la poire en deux. (Schneiden wir die Birne entzwei.) Das ist eine in Frankreich bekannte Redensart, wenn es gilt, einen Streit zu schlichten. Dazu verfertigten sie Werbeplakate, auf denen das Auto jeweils nur zur Hälfte gezeigt wurde. Auf diese Weise umging man das Problem, die ganze häßliche Form zeigen zu müssen. Bei der Wahl des Namens Birne vergaß man allerdings, daß «la poire» in Frankreich dieselbe Doppelbedeutung hat wie Pflaume in Deutschland. Jeder, der das Auto kaufte, mußte sich damit abfinden, eine «poire» zu sein.

Die Renault-Manager waren ohnehin Weltmeister in der Wahl unglückseliger Namen. Bereits früher hatten sie ein großes Modell auf den Namen «Fregatte» getauft. Unter diesem Namen führten sie den Wagen auch in Italien ein, wo fregate soviel wie Betrüger bedeutet.

Dann gab es ein Coupé Renault 17, das sie ebenfalls in Italien auf den Markt brachten, ohne zu bedenken, daß die Zahl 17 in Italien so schlimm ist wie die Zahl 13 in Deutschland. Keiner wollte das Auto kaufen, weil jeder Angst hatte, damit einen Unfall zu bauen.

Deutschen Firmen unterlaufen seltener solche Fehler, weil sie gewohnt sind, ihre Produkte im Ausland anzubieten. Die Franzosen aber glauben, was in Frankreich für gut befunden werde, müsse auch vom übrigen Teil der Welt goutiert werden. Ich hatte oft Gelegenheit festzustellen, daß das viel zitierte Wort «Am deutschen Wesen soll die Welt genesen» im Grunde die Haltung fast jeden Landes kennzeichnet.

Bei meinem Amtsantritt hatte sich Renault in Deutschland mit zwei sehr guten Autos, dem Renault 4 und dem Renault 16, einen Marktanteil von sieben Prozent erarbeitet. Aber mit dem unglückseligen Renault 14, der überhaupt nicht auf den deutschen Markt abgestimmt war, sank dieser Anteil wieder. Die Rendite war rückläufig, und die Zentrale in Paris wurde unruhig.

Leider fiel uns zu diesem Problem keine andere Lösung ein, als die Marge der Händler zu kürzen. Da ich es verabsäumte, die Händler vorher über unsere Absicht zu informieren, löste diese Maßnahme empörte Unruhe aus und war nicht gerade dazu angetan, meinen Ruf zu fördern. Und so kam es, daß die französische Führung 1978 dem Wunsch der Händler nachgab und mich aus Deutschland abzog.

Guinness und Sauna

Meinen Rückpfiff in die Renault-Zentrale nach Paris verstand ich natürlich als Niederlage. Ich fühlte mich zwar nicht unbedingt schuldig, aber ich hatte doch Fehler begangen und trotz meiner Bemühungen den französischen Managern die Eigenheiten des deutschen Marktes zu wenig verständlich gemacht.

Daß ich dennoch nicht den Eindruck eines niedergeschmetterten Menschen machte, imponierte meinen Vorgesetzten, Lamirault und dem französischen Exportchef Claude Weets. Sie ermutigten mich, einen neuen Anfang zu wagen.

Ich wurde als Exportmanager eingesetzt für Länder wie Finnland, Irland, Portugal, Israel, in denen Renault keine eigene Niederlassung hatte, sondern mit privaten Importeuren zusammenarbeitete.

Diese Tätigkeit machte mir Spaß. Ich liebte es, zu reisen und neue Menschen kennenzulernen. Die drei Jahre in Deutschland kamen mir bei dieser neuen Aufgabe sehr zugute. Ich hatte im Umgang mit Menschen und Firmen viele Erfahrungen gesammelt, die ich in den Gesprächen mit den privaten Importeuren anwenden konnte.

Diese Händler mußten äußerst diplomatisch behandelt werden, denn sie agierten als freie Geschäftsleute, ihre Firmen waren nicht Eigentum von Renault. Wenn Renault nicht in ihrem Interesse handelte, konnten sie die Geschäftsbeziehungen jederzeit abbrechen.

Die Verschiedenheit der Kulturen, die im Fall von Deutschland und Frankreich immer wieder zu Mißverständnissen und Mißstimmigkeiten geführt hatte, bescherte mir bei dieser Aufgabe eher eine Reihe heiterer Erlebnisse.

In Irland etwa brauchte ich sechs Monate, ehe es mir gelang, einen Händler zu besuchen. Maurice O'Neil, der Verkaufsleiter der Importeure, hielt mich stets in Dublin zurück, wo er mich im wahrsten Sinne des Wortes total besoffen machte. Erst nach mehreren Besuchen konnte ich ihn dazu überreden, mit mir nach Limerick und Shannon zu fahren. Auf diesen Erfolg war ich sehr stolz, endlich durfte ich einen Händlerbesuch nach Paris melden.

Ich war jedoch voreilig gewesen.

Maurice O'Neil war, wie die meisten Iren, Pferdeliebhaber und Hundezüchter, und es waren diese beiden Leidenschaften, die die Ziele unserer Reise bestimmten. Ehe wir allabendlich in einem Pub versumpften, bekam ich den ganzen Tag über Pferde und Windhunde zu sehen, aber nicht einen einzigen Händler.

Erst in der Woche darauf brachte er mich auf mein beharrliches Drängen hin zu einem Händler, zumindest nannte sich dieser so. Aber außer ein paar Reifen im Hinterhof gab es nichts, was im entferntesten an ein Auto erinnert hätte.

Endlich glückte es mir aber doch, einen Kontakt zur irischen Händlerschaft herzustellen. In Limerick sollte ich vor einigen hundert Händlern eine Rede halten.

Ich flog über London nach Cork, wo einer der Händler mich abholte. Als ich mit zweieinhalbstündiger Verspätung in Cork eintraf, wartete dort auf mich ein Mann, der, wenn ich ihm etwas fester die Hand geschüttelt hätte, sofort umgefallen wäre, so betrunken war er. Er hatte glasige Augen und konnte sich kaum noch auf den Beinen halten. Zu meinem größten Erstaunen allerdings konnte er noch völlig normal sprechen. «Daniel, we'll get your speech in time», lautete seine beruhigende Feststellung, nachdem ich wegen der Verspätung um Entschuldigung gebeten hatte.

Leider befinden sich an der Straße zwischen Cork und Limerick zahlreiche Pubs, die uns zu ständigen Unterbrechungen unserer Fahrt zwangen.

«Daniel, we have to drink a Guinness here. That's the best beer in all the country.»

«Are you sure we should stay here?» wandte ich mit Blick auf meine Uhr vorsichtig ein. Aber er beruhigte mich: «Just one drink!»

Beim nächsten Pub tranken wir Whiskey.

Endlich erreichten wir Limerick. Das Bild, das sich mir dort bot, werde ich mein Lebtag nicht vergessen. Der Cocktail, der meine Rede hätte einleiten sollen, fand an einem Swimmingpool statt. Betrunken wankten dort etwa 150 Gäste herum, die seit drei Stunden auf mich gewartet hatten.

Ich rechnete jeden Augenblick damit, daß einer ins Wasser fallen würde. Aber nichts dergleichen geschah. Friedlich gingen wir alle in den Saal, und ich hielt meine Rede.

Claude Weets, der eine Vorliebe für Irland hatte, begleitete mich einmal auf einer Reise. Aber bereits beim Verlassen des Flughafens sahen wir ab und zu Betrunkene, so daß Claude Weets scherzhaft meinte, es sei wohl besser, ich würde dieses Land in Zukunft seltener besuchen. Ich möchte aber nicht den Eindruck erwecken, ich hielte Irland für ein Land der Säufer. Im Gegenteil, ich habe gerade in diesem Land viele warmherzige und liebevolle Menschen kennengelernt.

Eine schwierige Aufgabe stand uns in Finnland bevor. Es ging darum, den Importeur zu wechseln und neue Investoren zu finden.

Mit meinem Finanzkollegen Jean-Claude Ami reiste ich nach Helsinki. Wir wollten zunächst im geheimen mit den Neuinvestoren zusammentreffen, ohne daß der amtierende alte Importeur davon erfuhr.

Unser Investor in spe holte uns abends vom Flughafen ab und brachte uns zu einem riesigen Gebäude, wo die Verhandlungen mit dem Vorstand der Firma stattfinden sollten. Zu spät merkten wir, daß wir in einer Sauna gelandet waren.

Für die Finnen sind Geschäftsverhandlungen in der Sauna nichts Ungewöhnliches. Sie hatten unseren Besuch als echtes finnisches Treffen mit Sauna, Schwimmbad und kaltem Büfett vorbereitet.

Für mich und meinen Kollegen aber war es eine schreckliche Vorstellung, über Investitionsprogramme sowie Bilanzanalysen nackt zu diskutieren. Immerhin ging es um eine Investition von mehreren Millionen Francs.

Ehe wir jedoch dazu kamen, Einwände geltend zu machen, liefen unsere finnischen Gastgeber schon splitternackt um uns herum.

«Ich ziehe mich nicht aus!» erklärte Jean-Claude entschieden.

Obwohl ich mich genauso unwohl fühlte wie er, war mir klar, daß das Geschäft nie zustande kommen würde, wenn wir uns der Einladung der Finnen widersetzten. Sie wurden ohnehin schon ungeduldig und forderten uns in aufgebrachtem Englisch auf, endlich unsere Kleider abzulegen.

Mit rotem Kopf zogen wir uns aus. Da keiner den anderen nackt kannte, mußten wir uns erst einmal gegenseitig in unserer Nacktheit wahrnehmen. Für die Finnen dagegen war alles ganz natürlich.

Nach dem ersten Saunagang, bei dem wegen der Hitze zum Glück keine ernsthafte Diskussion möglich war, wurden wir ins Schwimmbad geführt. Der Temperatursturz von der Sauna in das eiskalte Wasser raubte uns den letzten Rest von Verstand.

Als wir uns endlich zur Verhandlung begaben, waren die Zahlen, die wir im Kopf gehabt hatten, alle weg.

Unsere Gastgeber versorgten uns mit leichten Bademänteln, und so saßen wir im Kreis und diskutierten. Dabei galt unsere ganze Konzentration und Aufmerksamkeit nur dem Problem, daß unsere Bademäntel nicht verrutschten, während die Finnen sich voll der Verhandlung widmeten.

Da stieß Jean-Claude mich an. An einem strategischen Punkt der Diskussion war der Bademantel des Vorsitzenden zur Seite geglitten. Der erotische Anblick, der sich uns bot, war zuviel für unsere Nerven. Um einem Lachkrampf vorzubeugen, murmelte ich etwas von Unwohlsein und flüchtete unter die Dusche.

Den Finnen war unser Verhalten total unverständlich. Wir

aber hatten genug von dem ganzen Saunazirkus. Unter diesen Umständen konnte aus dem Geschäft ohnehin nichts werden. Jean-Claude packte seine Papiere zusammen, und wir verabschiedeten uns. Der nach wie vor amtierende Importeur weiß wahrscheinlich nicht, daß er nur deshalb noch Importeur ist, weil wir uns nicht für die finnischen Gebräuche begeistern konnten.

Eigentlich hätte ich mit meinem «Beamtenjob» in der Zentrale von Renault bequem mein Leben zubringen können. Ich hatte gute Vorgesetzte, durfte permanent reisen. Also, was wollte ich mehr? Meine Karriere betrachtete ich als beendet, und ich hätte schon Mutter und Tochter ermorden müssen, um entlassen zu werden. Wie immer war ich mit meiner augenblicklichen Situation zufrieden.

Aber dann erhielt ich eines Tages im Frühsommer 1980 einen mysteriösen Anruf.

Ford
oder
Der Topmanager
im Spiegelkabinett

Ich habe immer ohne Vorsicht bei hellem Tageslicht
meine schlimmsten Gedanken gesagt.

Louis Aragon

Der Mann mit der Davidoff

Ich befand mich gerade auf einer Geschäftsreise in Israel, als mich ein Anruf meiner Sekretärin aus Paris erreichte: Ein Herr Wagner wolle mich dringend sprechen und erwarte mich am Tag meiner Rückkehr im Hotel Georges V. Worum es ging, habe er nicht sagen wollen.

Da solche geheimnisvollen Treffen in der Automobilbranche an sich nicht ungewöhnlich sind, begab ich mich ohne weitere Nachforschungen zur angegebenen Zeit ins Georges V. In der Hotelhalle erwartete mich ein eleganter älterer Herr. Er sprach mit amerikanischem Akzent und stellte sich als Herr Wagner vor. Seinen vagen Andeutungen entnahm ich, daß er in Deutschland und Amerika als Berater tätig war und für ein Unternehmen eine Führungskraft suchte. Auf meine Frage, welcher Branche sein Auftraggeber angehöre, antwortete er nur, daß dieser nichts mit Autos zu tun habe.

Einige Wochen später rief er mich wieder an, und wir vereinbarten ein weiteres Treffen, auf dem Herr Wagner mir mitteilte, daß sein Auftraggeber an einer Kontaktaufnahme mit mir interessiert sei.

«Würde es ein Problem für Sie bedeuten, wieder nach Deutschland zu gehen?»

Ich verneinte – Deutschland stellte gewiß kein Problem für mich dar, ich hatte gerne in diesem Land gearbeitet.

Immer noch aber wußte ich nicht, mit welcher Branche ich es zu tun hatte.

«Ist es eine große Firma?» fragte ich, um dem Geheimnis auf die Spur zu kommen.

«50 000 Mitarbeiter», antwortete Herr Wagner.

Das hörte sich beeindruckend an. Ich kannte Deutschland gut genug, um zu wissen, daß es sich nur um eines der führenden Unternehmen handeln konnte.

Ich fühlte mich veranlaßt, Herrn Wagner darauf hinzuweisen, daß ich in Deutschland nicht gerade erfolgreich gewesen sei. Aber er wußte das bereits aus seiner Kartei und meinte lakonisch, gerade in meiner schwierigen Zeit bei Renault sei man auf mich aufmerksam geworden.

Heute verstehe ich, warum ein Mißerfolg mitunter mehr Aufmerksamkeit erweckt als ein Erfolg. Erfolgreich ist man nur mit einer guten Mannschaft, beim Mißerfolg hingegen steht man meist allein da, er läßt aber zugleich auch die Fähigkeiten und Unfähigkeiten des einzelnen deutlicher hervortreten und sein Persönlichkeitsprofil klarer erkennen.

Als Herr Wagner mir beim dritten Treffen im Oktober erklärte, daß sein Auftraggeber mich nun zu treffen wünsche, mußte er endlich auch die Katze aus dem Sack lassen: Es ging doch um Autos. Diese Eröffnung dämpfte meine Begeisterung entschieden. Wenn es um Autos ging, konnte ich ebensogut bei Renault bleiben.

Ich wollte ihm schon eine Absage erteilen und das Gespräch beenden, da nannte Herr Wagner seinen Auftraggeber: Ford. Dieser Name allerdings elektrisierte mich. Ford war einer der größten Automobilhersteller Deutschlands. Das Unternehmen beschäftigte 50000 Mitarbeiter und machte 17 Milliarden DM Umsatz pro Jahr. Obwohl Herr Wagner offenließ, für welche Position man mich haben wollte, deutete er doch an, daß diese weit über meinen bisherigen Verantwortungsbereich hinausgehen würde. Ich sollte nicht nur mit Marketing und Verkauf befaßt sein, sondern auch mit Entwicklung und Produktion zu tun haben.

Also willigte ich ein, die Vertreter von Ford kennenzulernen. Es war mein erster Kontakt mit amerikanischen Geschäftsleuten.

Zunächst lernte ich Bill Benton, den Vizepräsidenten für Verkauf und Marketing in Europa, kennen. Da ich von der Struktur einer amerikanischen Firma keine Ahnung hatte, hielt ich den Vizepräsidenten für den zweiten Mann nach dem Präsidenten und fühlte mich sehr geschmeichelt, daß ein Mann in dieser Stellung eigens wegen mir nach Paris kam. Erst später erkannte ich, daß es in amerikanischen Unternehmen scharenweise Vizepräsidenten gibt und daß es sich dabei eher um eine Position handelt, die in etwa der eines Abteilungsleiters entspricht.

Bei unserer ersten Begegnung aber beeindruckte mich Bill vor allem durch sein Outfit. Zum ersten Mal begegnete ich einem Mann, dessen Anzüge innen schöner waren als außen. Wenn er sein Jackett öffnete, schillerte das Futter in allen Farben. Das Sprichwort «Kleider machen Leute» hatte für Bill Benton wie für viele Amerikaner eine ganz besondere Bedeutung. Er legte großen Wert darauf, wie jemand auftrat und sich präsentierte.

Als ich später bei Ford einen neuen Marketingchef suchte

und möglichst einen Mann aus den eigenen Reihen einstellen wollte, bat ich Bill Benton um Rat.

Nach einigen Wochen rief er mich an: «Ich habe jemanden für dich gefunden. Er ist 1,85 Meter groß und braungebrannt, hat breite Schultern, sieht blendend aus und ist sehr sportlich.»

Mir blieb angesichts dieser Referenzen vor Verblüffung die Spucke weg: «Bill, I don't want to marry him», bremste ich seine Begeisterung. «I would like to have a marketing-manager.»

Unser erstes Gespräch in Paris verlief noch ein wenig stokkend, da mein Englisch zu dieser Zeit noch sehr ungeübt war. Ich hatte zwar auf dem Gymnasium Englisch gelernt, aber zuwenig praktische Sprecherfahrung.

Mister Benton schien das nicht sonderlich zu beeindrukken, er war ohnehin so mit der Inszenierung seines eigenen Auftritts beschäftigt, mit der Art, wie er beim Sitzen die Beine übereinanderschlug, dem Kellner seine Bestellung aufgab oder sein Glas zum Munde führte, daß es ziemlich irrelevant war, was ich sagte. Aber immerhin erfuhr ich aus dem Gespräch, daß man mich für die Position des Vorstandsvorsitzenden der Ford-Werke AG in Köln haben wollte.

Da ich jedoch weiterhin mit meiner Zusage zögerte, hielt man bei Ford den Zeitpunkt für gekommen, schweres Geschütz aufzufahren.

Während meines Urlaubs, den ich mit meiner Familie in der Normandie auf unserem endlich fertig restaurierten Bauernhof verbrachte, bekam ich einen Anruf von Robert Lutz, dem Präsidenten von Ford Europa.

Ich hatte von Robert Lutz, der in der Branche nur Bob

Lutz genannt wurde, schon viel gehört, weil er in der Automobilindustrie als eine interessante und schillernde Persönlichkeit galt. Er war Schweizer Amerikaner, hatte bei Opel begonnen, von dort zu BMW gewechselt, um schließlich Präsident von Ford Europa zu werden, wo er vor allem durch die Einführung des schwarzen Capri von sich reden machte.

Ich lehnte es bei diesem Anruf entschieden ab, meinen Urlaubsort und meine Familie geschäftlicher Gespräche wegen zu verlassen. Mein Urlaub war mir heilig, er sollte ganz meiner Familie und mir gehören.

Bob Lutz zeigte sich völlig unbeeindruckt, er drehte den Spieß einfach um: «Mister Lutz ist bereit, mit seinem Flugzeug zu Ihnen zu fliegen», ließ mich sein Büro wissen. «Nennen Sie uns bitte einen Flughafen in Ihrer Nähe.»

Diese Wendung der Dinge machte mir in der Tat Eindruck. Renault besaß kein eigenes Flugzeug. Ich nannte also den Flughafen Chartres. Doch wenig später erhielt ich einen weiteren Anruf: «In Chartres können wir nicht landen. Die Piste ist zu kurz.» – Mon Dieu, was mußte das für ein Flugzeug sein! – «Mister Lutz wird morgen gegen 14 Uhr in Tours landen.»

Als ich am nächsten Tag mit meinen Kindern zum Flughafen von Tours fuhr, wurde ich vom Flughafenchef persönlich empfangen.

«Sie erwarten das Bac 111?» fragte er. «Wir haben alles für die Landung vorbereitet. Aber wir wissen nicht, wie viele Passagiere sich an Bord befinden.»

«Ich denke, nur einer», erwiderte ich.

Fassungslos blickte mich der Mann an. Es stellte sich heraus, daß es sich um eine Maschine von der Größe einer kleinen Boeing handelte, die etwa hundert Passagiere faßte.

Nachdem die Riesenmaschine gelandet war, begann ein Zeremoniell wie bei einem Staatsbesuch. Eine Stewardeß öffnete die Tür und ließ die Gangway herab. Nach einer Minute, die mir wie eine Ewigkeit vorkam, erschien Bob Lutz an der Treppe. Eine dicke Davidoff-Zigarre in der Hand, schritt er gemächlich die Stufen herab.

«Daniel, how are you», begrüßte er mich. «Ich hoffe, Sie sprechen Deutsch.»

Sichtlich genoß er meine Bewunderung.

«Mein Dienstflugzeug», erklärte er leichthin. «Kommen Sie zu uns, dann können Sie es jederzeit benützen» – ein kleiner Köder, der sich später in der Prosa des beruflichen Alltags als Fata Morgana erwies: bevor man sich durch den Wust an bürokratischen Anträgen gewühlt hatte, um die Maschine benutzen zu können, verzichtete man schon freiwillig.

«Möchten Ihre Kinder vielleicht einen kleinen Rundflug machen?» Nein, das wollten sie nicht, aber besichtigen wollten wir das Prachtstück.

Bob Lutz geleitete uns die Gangway hinauf. Hinter dem Cockpit befanden sich vier komfortable Sitzplätze, die je mit einem Fernsehapparat ausgestattet waren. Dahinter lagen, durch eine Trennwand abgeschirmt, die Salons. Ford besaß in Europa drei Flugzeuge dieser Art.

Während meine Kinder im Flugzeug blieben, begaben Bob Lutz und ich uns ins Flughafengebäude.

Das Gespräch verlief unkompliziert und angenehm. Bob Lutz war ein begnadeter Redner. Egal, worüber er sprach, es war faszinierend, ihm zuzuhören. Er hätte aus dem Telefonbuch vorlesen können, und man hätte gebannt gelauscht.

Später erlebte ich oft, wie er die Teilnehmer einer Sitzung zu fesseln verstand. Stets zelebrierte er dabei dasselbe Ritual. Er entnahm seinem Aktenkoffer eine Plastiktüte, in die eine Davidoff-Zigarre eingeschlagen war. Genießerisch beroch er das Bouquet des Deckblattes und rollte die Zigarre einige Male prüfend in der Hand hin und her. Dann beschnitt er sie und erwärmte über einem Streichholz das Brandende, führte sie an die Lippen und begann, langsam zu paffen. Anschließend lehnte er sich zurück, und während das Aroma seine Sinne belebte, hob er an zu sprechen.

Sein Besuch in Tours galt allerdings weniger dem Gespräch mit mir als vielmehr der Inszenierung eines Auftritts, der mich beeindrucken sollte. Und diesen Zweck erreichte Bob Lutz auch voll. Meine Kinder waren so begeistert, daß ich zu Hause gar nicht mehr wagen durfte zu sagen, ich ginge nicht zu Ford.

Natürlich fragte ich mich, warum man zur Leitung der deutschen Ford-Werke einen Franzosen anwarb und keinen Deutschen. Schließlich gab es genug gute deutsche Firmenchefs.

Dennoch war diese Entscheidung von den Ford-Managern bewußt so getroffen worden. Wie schon Renault, so hielt auch Ford die Ansprüche der deutschen Kunden an das Automobil für völlig überzogen und suchte durch die Besetzung der Spitzenposition mit einem Nichtdeutschen eine Art Ausgleich zu schaffen. Eine der Hauptaufgaben des Vorstandsvorsitzenden, so die Erwartung, sollte darin bestehen, solche kostensteigernden Ansprüche abzuwehren – denn

Toppriorität bei allen Überlegungen hatte das Wohl der Aktionäre in der amerikanischen Heimat.

Überdies bereitete es den Ford-Managern Kopfzerbrechen, daß Ford in Deutschland den Durchbruch nicht schaffte. Die Marktanteile pendelten immer um etwa zehn Prozent. Nur unter dem Vorstandsvorsitzenden Bob Lutz hatte es einen kurzen Frühling gegeben, als der Anteil auf fünfzehn Prozent anstieg.

Es war die charismatische Ausstrahlung von Bob Lutz gewesen, die die Verkäufe innerhalb von 18 Monaten hatte hochschnellen lassen. Der Kunde identifizierte das Produkt mit ihm – so wie man einen Chrysler wegen Lee Iacocca kaufte. Diese Persönlichkeitsbesetzung eines bestimmten Autos ist ein Phänomen, das nur in Deutschland oder Amerika auftaucht, in Frankreich oder Italien hingegen gar nicht möglich wäre. Kaum jemand käme auf die Idee, Fiat mit Agnelli oder Olivetti mit Benedetti zu identifizieren.

Bob Lutz hatte das amerikanische Ford-Management und vor allem Henry Ford II. aber nicht nur durch sein Wissen über das Automobil beeindruckt und durch seine Erfolge, sondern auch durch seine Sprachkenntnisse. Er beherrschte drei Sprachen perfekt und konnte auf einer Pressekonferenz übergangslos von einer Sprache in die andere wechseln, ein faszinierendes Erlebnis.

Nach Bob Lutz übernahm Peter Weiher, der bisherige Verkaufsvorstand, die Führung der deutschen Ford-Werke. Weiher, den ich persönlich kennenlernte, war in meinen Augen ein sehr guter Mann, aber vom Typ her das genaue Gegenteil von Lutz, bescheiden, zurückhaltend, introvertiert.

Und so entstand bei den amerikanischen Ford-Managern

eine Sehnsucht nach den guten alten Zeiten von Bob Lutz, als man hoffte, Volkswagen überflügeln zu können. Und man suchte nach einer Persönlichkeit vom Zuschnitt eines Bob Lutz, der man auch zutraute, sich nach «außen» verkaufen zu können.

Das entscheidende Treffen, bei dem ich Donald Petersen, den amerikanischen Präsidenten von Ford, kennenlernte, fand bei einem Essen im Hotel Excelsior in Köln statt.

An dem Essen nahmen mehr als zwanzig internationale Vertreter des Unternehmens teil. Auch Herr Wagner war anwesend. Ich wußte: Ich mußte nur den Präsidenten von meiner Person überzeugen, was die übrigen Anwesenden von mir dachten, war ziemlich egal. Bei einer Sachentscheidung hätten die Dinge anders gelegen, aber bei einer Personalentscheidung würden sie sich mit großer Mehrheit der Meinung des Präsidenten anschließen – dies war keine Frage von Aufrichtigkeit, sondern von Herrschaftsstrukturen.

Herr Wagner, der sich selbst nicht an der Unterredung beteiligte, schilderte mir anschließend seinen Eindruck: Mein Englisch sei nicht gerade überragend gewesen, aber an einer Stelle zumindest sei es mir gelungen, den Präsidenten durch eine schlagfertige Antwort für mich zu gewinnen. Während eines eher nebensächlichen Teils des Gesprächs hatte Donald Petersen mich gefragt:

«Herr Goeudevert, Sie sprechen Deutsch, haben rote Haare, sehen aus wie ein Deutscher und sind Franzose. Gibt es viele Franzosen, die rote Haare haben, wie Deutsche aussehen und Deutsch sprechen?»

«Ja, es gibt viele», erwiderte ich und setzte spontan hinzu: «Aber ich bin der einzige, den Sie heute einstellen können.»

Daraufhin erhob sich ein lautes Gelächter. Und das ist eigentlich das Wichtigste bei Amerikanern: Wenn es einem nicht gelingt, sie in einem Gespräch wenigstens einmal zum Lachen zu bringen, dann hat man verloren.

Nach diesem Essen stand meiner Einstellung bei Ford nichts mehr im Wege. Ich brauchte bloß noch ja zu sagen.

Aber ich hatte noch niemandem bei Renault etwas gesagt. Eine Unterredung mit Claude Weets war überfällig.

«Claude, wir müssen essen gehen», sagte ich zu ihm.

In Frankreich werden die wichtigsten Entscheidungen beim Essen getroffen. Der Kultur des Geschäftsessens wird große Bedeutung beigemessen. Bei Renault zum Beispiel befindet sich das Restaurant für die Führungskräfte in der obersten Etage, in Deutschland wäre diese immer dem Vorstand vorbehalten. In Frankreich hingegen muß sich der Vorstand dem Genuß des gemeinsamen Essens unterordnen.

Ich erzählte Claude Weets von dem Ford-Angebot. Er gab mir den ungewöhnlichen Rat, das Angebot anzunehmen. «Du kommst aus keiner Eliteschule. Bei Renault wirst du bleiben, was du bist. Geh zu Ford!» Claude Weets war allerdings immer ein Manager gewesen, der sich durch ungewöhnlichen Mut zur Offenheit auszeichnete. Auch wenn es um die Kritik der eigenen Firma ging, nahm er kein Blatt vor den Mund. So hatte er bei einem Treffen des Renault-Managements in Deauville die in Konventionalität erstarrende Führungsriege mit den Worten zu ermahnen versucht: «Wir gehören nicht zu den Führungskräften, um risikolos zu leben.»

Er war einer der ganz wenigen Spitzenmanager, der einen Blick für die strukturellen Verkrustungen von Hierarchien hatte. Und er hatte eine seltene Gabe, diese auch rhetorisch auf den Begriff zu bringen. Ihm verdanke ich jene unumstößliche Lebensweisheit, die ich als Motto für dieses Buch gewählt habe: «Wer kriecht, kann nicht stolpern.»

Ehe ich jedoch dazu kam, Claudes Aufforderung zu folgen und das Angebot von Ford anzunehmen, hatte Ford selbst den nächsten Zug gemacht, der mich jeder eigenen Entscheidung enthob.

Einige Tage nach dem Gespräch mit Donald Petersen erschien im *Spiegel* ein Foto von mir mit der Überschrift: «Wird der neue Ford-Chef ein Franzose?»

Es handelte sich um einen in der Branche beliebten Trick. Will man jemanden ernsthaft abwerben, informiert man durch eine gezielte Indiskretion die Presse, hier sei einer gleichsam auf dem Sprung. Das verärgert in aller Regel den eigenen Arbeitgeber so sehr, daß man entlassen wird und keine andere Wahl mehr hat.

So geschah es auch in meinem Fall.

Der Nachfolger von Pierre Dreyfus ließ mich zu sich kommen und stellte mich zur Rede.

«Stimmt es, was der *Spiegel* berichtet?»

«Ich habe keine Entscheidung getroffen», antwortete ich wahrheitsgemäß.

«Aber Sie haben mit den Leuten geredet?»

Diese Feststellung mußte ich bejahen.

«Dann sind Sie frei.»

Ich hatte mich ohnehin zu achtzig Prozent für Ford entschieden. Aber ich hatte mir eigentlich die Möglichkeit noch bewahren wollen, nein zu sagen. Die Zeit des Überlegens war nun vorbei.

Also gab ich im Dezember 1980 meine Zusage. Und dann ging alles ganz schnell.

Über Vertragsbedingungen wurde nicht viel diskutiert, und von Geld war in keiner einzigen Verhandlung die Rede. Von der Höhe meines Einkommens erfuhr ich erst bei Unterzeichnung des Vertrages. Und diese erfolgte erst, nachdem der Aufsichtsrat ihn bei seiner Einberufung am 11. Januar 1981 genehmigt hatte.

Es ist ein Kennzeichen meiner Karriere, daß ich auf meinem ganzen Weg von Job zu Job nicht ein einziges Mal über Geld verhandelte oder auch nur fragte, wieviel ich verdienen würde.

Ich wußte, daß ich von manchen Mitgliedern der Automobilbranche mit einer gewissen Skepsis betrachtet, von einigen vielleicht sogar nur gelitten wurde, aber ich fühlte mich in diesem Umfeld so wohl, daß die Frage des Einkommens für mich nie erste Priorität hatte. Wer mir nicht in jeder Hinsicht volles Vertrauen entgegenbrachte, mit dem hätte ich ohnehin nicht zusammenarbeiten können.

Auf dem Schleudersitz

Für meine Familie stellte der neuerliche Umzug nach Köln gerade zum damaligen Zeitpunkt ein Problem dar.

Meine Tochter Isabel stand mit 17 Jahren kurz vor dem Baccalaureat. Da sie in Deutschland kaum Chancen hatte, zum Abitur anzutreten, schlug ich vor, sie solle in Frankreich bleiben. Diese Entscheidung erwies sich im nachhinein als Fehler. Durch die zahlreichen Umzüge nirgendwo verwurzelt und einzig in der Familie festen Halt findend, konnte sie die plötzliche Trennung nicht verkraften. Dank ihrer Intelligenz und Begabung schaffte sie zwar das Baccalaureat, aber das Erlebnis der Trennung stürzte sie in eine Desorientierung, aus der sie nur schwer wieder zu einem Gleichgewicht zurückfand.

Meine zweite Tochter Sylvie war, wie dies häufig der Fall ist, ein problemloses Kind. Sie lernte gut und schien nie auf unsere Hilfe angewiesen zu sein. Vielleicht aber war das auch nur eine Unterstellung von uns. Ich fürchte, daß viele Männer, die durch ihre Karriere in der Welt herumgetrieben werden, mit der Erziehung ihrer Kinder Probleme haben oder diese einfach verdrängen.

Erschwerend kam hinzu, daß meine Karriere in rasantem

Tempo verlief. Als ich den Vorstandsvorsitz der Ford-Werke übernahm, war ich noch nicht einmal vierzig Jahre alt.

Für Liliane war es kaum möglich, mit meinem Aufstieg Schritt zu halten. Voll ausgelastet mit der Aufgabe, nach jedem Umzug den Kindern immer wieder ein neues Heim zu schaffen und für ihre Erziehung zu sorgen, fand sie keine Muße, etwas für sich selbst zu tun, Sprachen zu lernen oder sich weiterzubilden.

Meinen beruflichen Werdegang verfolgte sie mit Bewunderung, und so wurde ich zu Hause auf eine Art Podest gestellt. Dieser Zuspruch schmeichelte zwar meinem Selbstbewußtsein und bedeutete vielleicht sogar einen zusätzlichen Ansporn für mich. Für meine Kinder aber war ein solcher «Übervater» nicht leicht zu verkraften.

Vor allem mein Sohn Eric, der ebenfalls in der Automobilbranche tätig ist, es aber aufgrund meiner Bekanntheit unheimlich schwer hat, seinen Platz zu finden, will bis heute nicht akzeptieren, daß in meiner Karriere sowohl die Umstände der Zeit als auch ein ungeheures Glück eine Rolle spielten.

Im nachhinein plagen mich immer wieder Zweifel, ob ich genug für meine Kinder getan habe, ob ich da war, wenn sie mich brauchten, und ob ich nicht allzuoft Hilfe mit finanzieller Unterstützung verwechselt habe. Da das materielle Umfeld in meiner Jugend eher karg ausgestattet gewesen war, neigte ich mitunter wahrscheinlich dazu, ihm allzuviel Bedeutung beizumessen. Vielleicht würde ich, im Rückblick gesehen, manches anders machen.

Die Rasanz meines Aufstiegs bewirkte leider auch, daß mein Beruf mich voll absorbierte. Jeder Wechsel bedeutete neue Einarbeitung und neues Lernen. Insbesondere der Amtsantritt bei Ford markierte einen ganz entscheidenden Sprung in meiner beruflichen Laufbahn. Ich übernahm eine Aufgabe, deren Dimension alles, was ich bisher gemacht hatte, bei weitem überstieg.

Die deutsche Ford-Werke AG besaß 1981 fünf Werke in Köln, Wülfrath, Düren, Saarlouis sowie Berlin-Zehlendorf und beschäftigte 50 000 Mitarbeiter.

Wenn man bedenkt, daß in deutschen Firmen die Vorstandsmitglieder sich zu über sechzig Prozent aus dem Ausbildungsapparat der eigenen Firma rekrutieren, dann versteht man, daß die Übernahme des Vorstandsvorsitzes für mich, der ich von außen hineinkatapultiert wurde, den berühmten Sprung ins kalte Wasser bedeutete. Wahrscheinlich habe ich erst in meiner Zeit bei Ford alles gelernt, was ich besser vorher hätte lernen sollen.

Zum ersten Mal stand ich an der Spitze eines typischen deutschen Vorstandes, in dem jeder für sich Verantwortung trug. Die einzelnen Vorstandsmitglieder hatten in ihrer Funktion nicht nur das Recht, sondern auch die Pflicht, Widerspruch einzulegen, wenn sie etwas für die Firma als falsch zu erkennen glaubten.

Das Handelsgesetz schreibt vor, daß der Vorstand in eigener Verantwortung die Gesellschaft zu leiten und zu haften habe, wenn er bei der Geschäftsführung die Sorgfaltspflicht verletzt.

Daher herrscht unter den Vorstandsmitgliedern immer eine gewisse Spannung und ein wenig Mißtrauen. Das Klima erinnert zuweilen an das Spiel «Die Reise nach Jerusalem», in dem jeder um seinen Platz kämpfen muß, eine Ellbogengesellschaft, in der man versucht, den anderen auszutricksen.

Die Frage, ob ein Vorstandsvorsitzender nun eigentlich das Geschehen eines Unternehmens beherrscht und auf den Kurs einer Firma Einfluß nimmt, kann ich bis heute nicht beantworten.

Sicher findet hier eine Art Wechselwirkung statt, indem der Manager die Firma prägt, aber gleichzeitig auch von ihr geprägt wird. Zweifellos aber versanden auch viele Ideen einer Führungskraft auf den Schreibtischen der Sachbearbeiter oder werden bewußt unter den Teppich gekehrt.

Als von außen Kommender hatte ich innerhalb des Vorstandes viel größere Widerstände zu überwinden als einer, der sich im System hochgedient hat. Ich fühlte mich aber trotzdem immer wohl. Kritik konnte mich zwar verletzen, doch hemmte sie mich niemals entscheidend in meinem Aktionsradius.

Ohnehin betrachtete ich es nicht als meine primäre Aufgabe, mich dauernd mit dem Vorstand zu beschäftigen. Als Topmanager vertritt man Tausende von Mitarbeitern – die Zusammenarbeit mit dem Vorstand ist dabei nur eine Episode, leider oft auch eine Hemmschwelle.

Ich glaube allerdings nicht, daß man es schaffen kann, einen harmonischen Geist in einen Vorstand zu bringen. Die Struktur ist dafür an sich schon ungeeignet. Hinzu kommt: Wenn man eine offene Art hat und eine Firma nach außen vertritt, weckt man immer Neid und Eifersucht.

Was mich aber regelmäßig aus dem Lot bringen konnte, war die Frage meiner Kinder: «Was machst du eigentlich den ganzen Tag?»

Ich muß gestehen, daß ich darauf nie eine richtige Antwort zu geben wußte, außer von ständigen Sitzungen zu berichten.

Eigentlich ist die Arbeit eines Vorstandsvorsitzenden zum größten Teil Routine, und es ist enorm, wieviel Arbeit ihm von seinen Referenten vorgekaut wird. Eine seiner Hauptfähigkeiten muß deshalb darin bestehen, daß er wie ein Schwamm alles aufsaugt, miteinander vernetzt und verarbeitet. Auch muß er bereit sein, seinen ganzen Tag durch andere organisieren und sich führen zu lassen. Ein aufmerksamer Psychologe müßte – könnte er den Arbeitsalltag eines Topmanagers durch teilnehmende Beobachtung begleiten – zu dem vernichtenden Ergebnis kommen, daß ausgerechnet die *Führungskraft* eines Wirtschaftsunternehmens in ein tägliches Korsett gezwängt ist, das den Spitzenmanager fast zwangsläufig auf die Erwartungshaltung des Versorgtwerdens regredieren läßt. Nicht einmal die Tür seines Dienstwagens darf er noch selbst aufmachen. Mag die Zuarbeit vieler auch unerläßlich sein, damit man überhaupt das Pensum seiner Arbeit bewältigen kann, so gehört ein Teil jener Tätigkeiten, die man für sich machen läßt, auch jenem höfischen Zeremoniell an, das eher eine Konzession an den Status eines Topmanagers darstellt. Er selbst droht dadurch «Bodenhaftung» zu verlieren und sich in vielen banalen Dingen des Lebens wie ein unreifes Kleinkind zu verhalten – schon weil er irgendwann gar nicht mehr weiß, wie man im Reisebüro ein Flugticket bestellt.

Von entscheidender Bedeutung und eine unverzichtbare Hilfe in seinem Leben ist eine persönliche Sekretärin. Kommt er am frühen Morgen in sein Büro, folgt sein Tag einem Ablauf, der von seinem Sekretariat bereits Wochen vorher festgelegt wurde.

Die Bedeutung einer guten Sekretärin wird zwar bei Geburtstagen und Abschiedsfeiern, im allgemeinen Alltagsgeschäft aber nur unzureichend gewürdigt. Eine gute Sekretärin macht viel mehr, als nur den Papierkram zu erledigen. Sie ist eine Vertrauensperson, auf die ein Vorstandsvorsitzender nicht einen Tag lang verzichten kann.

Bei Ford hatte ich in Ingeborg Schulz ein besonderes Goldstück an meiner Seite. Sie gehört ohne Zweifel zu den Personen, die mein Berufsleben entscheidend mitgeprägt haben. Mit ihrer Fröhlichkeit sorgte sie im Büro stets für eine ausgeglichene Atmosphäre. Zur allgemeinen Erheiterung trugen auch ihre Niesanfälle bei. Wenn im Nebenzimmer eine Vorstandssitzung stattfand, mußten wir mitunter das Gespräch unterbrechen, bis diese Anfälle, die nicht selten den Eindruck erweckten, das Gebäude würde einstürzen, sich gelegt hatten.

Frau Schulz hatte an meinen Erfolgen bei Ford beträchtlichen Anteil. Sie nahm mir so viel von meiner Arbeit ab, daß es mir möglich war, mich für Aufgaben zu engagieren, von denen ich annahm, daß sie für die Firma produktiv sein könnten.

Neu war für mich die Arbeit mit den Betriebsräten, die bei Ford mit seinen 50000 Mitarbeitern wirklich wie ein Korpus agieren konnten.

Ich erinnere mich noch an die erste Betriebsratssitzung,

bei der ich mich als neuer Chef präsentieren sollte. Nach einer kurzen Vorstellungsrede bat ich um Fragen. «Damit wir uns besser kennenlernen, bitte ich Sie, bei Wortmeldungen Ihren Namen zu nennen sowie die Abteilung, in der Sie tätig sind.»

Großes Gelächter im Saal beantwortete diesen Vorschlag. Dann erfolgte auch schon die erste Wortmeldung. Der Teilnehmer erhob sich, nannte seinen Namen und wollte mit seiner Frage fortfahren.

Ich unterbrach ihn: «Sagen Sie mir bitte auch, in welcher Abteilung Sie arbeiten.»

Dieser Einwand löste abermals großes Gelächter aus.

«Ich arbeite in keiner Abteilung», erklärte der Mann, sichtlich erstaunt über meine Unkenntnis.

«Aber Sie müssen doch bei uns tätig sein», wandte ich ein.

«Natürlich, ich bin gewählter Betriebsrat.»

Nun war das Erstaunen auf meiner Seite, denn die Einrichtung eines großen Betriebsrates, der sich aus gewählten, freien Mitgliedern zusammensetzt, die nicht unbedingt in Verbindung mit konkreten Arbeitsvorgängen im Unternehmen stehen, war mir zum damaligen Zeitpunkt völlig unbekannt.

Mit raschem Einlenken zog ich mich aus der Affäre: «Sie haben keine genaue Tätigkeit. Also sind Sie ein echter Betriebsrat.» Damit war das Lachen des Publikums wieder gewonnen.

Vorsitzender des Betriebsrats war Wilfried Kuckelkorn, ein sehr guter und effizient arbeitender Mann. Am meisten beeindruckten mich sein Mut und seine Aufrichtigkeit, zwei Eigenschaften, die man in dieser Funktion nicht immer antrifft. Von ihm habe ich gelernt, was eine Gewerkschaft sein kann.

Er war ein ungewöhnlicher Gewerkschaftsvertreter, für den zwar der politische Geist seiner Organisation durchaus maßgebend war, der darüber aber nie vergaß, daß es zu seiner Aufgabe als Betriebsratsvorsitzender gehörte, die Interessen seiner Firma zu vertreten. Den Weg nach Frankfurt zum Haus der IG-Metall suchte er eher selten. Aber auch mir gegenüber verhielt er sich stets distanziert. Doch wenn es darauf ankam, fand er doch jene Worte, die das Gefühl vermittelten, daß wir alle in einem Boot sitzen.

Wenn die deutschen Ford-Werke heute mehr Gewicht innerhalb des Ford-Weltsystems haben, dann hat dies überwiegend mit Wilfried Kukelkorn zu tun, der zwischen den Interessen der Muttergesellschaft in Amerika, der Vertretung in England, der deutschen Werke und der Mitarbeiter immer den richtig ausbalancierten Weg fand.

Henry Ford II., den Enkel des Gründers der Ford-Werke, lernte ich unmittelbar nach meiner Ankunft in Köln kennen. Er war Anfang der achtziger Jahre vom Großteil seiner Ämter zurückgetreten, trotzdem blieb er die mythische Figur des Unternehmens. Seine Ausstrahlung ließ jede Begegnung mit ihm zu einem besonderen und unvergeßlichen Ereignis werden.

Als ich ihn das erste Mal in seinem Hotelzimmer traf, fragte er mich:

«Was trinken Sie?»

«Gin on the Rocks.»

Das vergaß ich nie. Jedesmal, wenn ich ihn später traf, hieß es:

«Daniel, der Gin ist fertig.»

Bis ins hohe Alter besaß er ein phänomenales Gedächtnis. Während eines Essens im Hotel Excelsior in Köln traten einige Manager aus der brasilianischen Ford-Niederlassung an unseren Tisch, und Henry Ford begrüßte jeden einzelnen von ihnen mit seinem Vornamen. Hinterher erfuhr ich, daß er Hunderte von Menschen überall in der Welt nach Gesicht und Namen kannte.

Wir waren damals gerade dabei, den «Sierra» zu produzieren.

«Ich mag dieses Auto absolut nicht», sagte Ford zu mir. «Magst du es?»

Ich nickte: «Ja, es ist ein gutes Auto.»

Das war meine ehrliche Meinung, die ich auch anderen gegenüber vertrat.

Bis heute weiß ich nicht, ob Ford mir mit seiner Frage eine Falle hatte stellen wollen.

An ein Essen im Hotel Kempinski in Berlin erinnere ich mich besonders.

Der Kellner erkannte Herrn Ford sofort und überreichte uns mit ausgesuchter Höflichkeit die Speisekarten. Mit den Worten «Herr Ford, Sie sind mein Gast», lud ich ihn ein zu wählen. Seinen Vorschlag, die Kosten zu teilen, lehnte ich ab.

«Ich bin zwar Ihr Angestellter, aber ich bin der Chef Ihrer Firma in Deutschland, und ich möchte Sie einladen.»

«Also gut, wenn du willst.»

Der Kellner eilte herbei, und Herr Ford gab seine Bestellung auf: «Ich möchte ein Wiener Schnitzel.»

«Aber Herr Ford!»

Schon um die Enttäuschung des Kellners zu mildern, versuchte ich, ihn zu überreden, etwas anderes auszusuchen.

Endlich ließ er sich erweichen.

«Okay, ich nehme noch eine Vorspeise.»

Und dann bestellte er zu seinem Wiener Schnitzel für 175 DM Kaviar. Der Kellner war mit dieser Bestellung sehr zufrieden. Was die Spesenabrechnungen anbetraf, hielt Henry Ford auch sich selbst gegenüber nichts von jenen Gesten nonchalanter Großzügigkeit, die den einen oder anderen meiner Kollegen auszeichnete. Jede Ausgabe wurde von ihm auf Heller und Pfennig akribisch belegt.

Ein anderes Mal traf ich Ford in Madrid bei der Übergabe eines Preises für ein Auto.

Wir saßen an einem großen runden Tisch, um das Ereignis zu feiern. Es wurde ziemlich viel getrunken, und gegen Ende des Essens gab Ford mir ein Zeichen.

«Daniel, bring mich auf mein Zimmer», bat er. Ich half ihm aufzustehen, und er stützte sich auf meinen Arm.

«Das ist aber eine große Ehre», sagte ich.

«Mit Ehre hat das nichts zu tun», erwiderte er. «Du bist einfach der kräftigste von allen Managern, die hier sind.»

Ich geleitete ihn also durch den großen Ballsaal des Hotels, wo Journalisten aus allen europäischen Ländern saßen. Am nächsten Tag wußte eine deutsche Journalistin das Ereignis zu deuten. Sie schrieb von den «besten Beziehungen» zwischen Henry Ford und mir, nur um zu mutmaßen, daß ich wohl der nächste Chef von Ford of Europe würde. Sie konnte nicht wissen, daß unser inniger Auftritt nur damit zusammenhing, daß Henry Ford zuviel getrunken hatte und ich Jahrzehnte zuvor Kugelstoßer gewesen war.

Auch mit dem Rennsport machte ich notgedrungen kurz nach meinem Amtsantritt Bekanntschaft.

Ford hatte damals mit dem Zakspeed Turbo Capri ein sehr erfolgreiches Produkt, und als Vorstandsvorsitzender mußte ich mich auch zum Rennsport bekennen. Also besuchte ich zusammen mit einigen Mitarbeitern unseren Werksfahrer Klaus Ludwig auf dem Nürburgring.

Ich bin nur ein durchschnittlicher Fahrer, und Klaus Ludwigs Vorschlag, selbst eine Runde zu fahren, jagte mir einen gehörigen Schrecken ein.

Das Desaster begann damit, daß kein passender Helm für mich zu finden war. Als schließlich einer aufgetrieben worden war, saß mir der so hoch auf dem Kopf, daß ich nicht mehr ins Auto paßte und mich ganz zusammenfalten mußte.

Die erste Runde fuhr ich neben Klaus Ludwig auf dem Beifahrersitz. Zusammengekrümmt in der Ecke des Wagens, der eindeutig nur für eine Person konstruiert war, ging es mit 200 Stundenkilometern in die Kurven. Ich dachte, ich sterbe.

Und dann sollte ich auch noch allein fahren.

Unter den Augen aller Mitarbeiter, die draußen standen und neugierig zuschauten, zwängte ich mich mühsam hinter das Steuer. Selbstverständlich setzt jedermann voraus, daß ein Vorstandsvorsitzender alles von selbst weiß, aber wenn man es nicht gezeigt bekommen hat, kriegt man ein solches Auto nicht vom Fleck bewegt. Nach einigen vergeblichen Versuchen von mir sprang Klaus Ludwig helfend ein: «Sie müssen ganz stark beschleunigen und dann plötzlich schalten.»

Endlich gelang es mir loszufahren. Doch bei einem 600-

PS-Wagen fährt man nie unter hundert Stundenkilometern, und die Kurven kommen viel schneller auf einen zu, als man erwartet.

Von der ersten Kurve bekam ich nichts mit, weil ich im Gras landete. Nach der zweiten Runde fühlte ich mich schon etwas wohler, und bei der dritten Runde wurde die Zeit gestoppt.

Das Ergebnis fiel gar nicht so schlecht aus. Aber wenn ich bedenke, welches Risiko ich einging, nur um nicht das Gesicht zu verlieren! Ich schwor mir, nie wieder ein solches Auto zu besteigen.

Daß ich in meiner Position auf dem berühmtesten Schleudersitz der Branche saß, den in den 15 Jahren vor mir bereits acht Chefs strapaziert hatten, war mir in den Einstellungsgesprächen wohlweislich verschwiegen worden.

Mir wurde diese Tatsache erst bekannt, als die Presse immer wieder darauf zu sprechen kam. «Warum glauben Sie, daß Sie länger auf diesem Platz ausharren werden?» lautete die obligatorische Frage bei jedem Interview.

Ich verwies auf mein Gewicht:

«Weil ich einfach schwerer bin als meine Vorgänger. Bei hundert Kilogramm funktioniert ein Schleudersitz nicht mehr so gut.»

Der Hinweis auf meine Körperfülle wurde von den Journalisten dankbar aufgegriffen, und in Pressekreisen war von einem neuen Ford-Chef die Rede, der aussah wie ein holländischer Metzger und Philosophie studiert hatte.

Sie meinten, in meiner Haltung eine gewisse Naivität erkennen zu können, und nannten mich wohl deshalb in Anlehnung an das offene Nullspiel beim Skat «Null ouvert». Sofern Naivität das Spiel mit offenen Karten bedeutete, akzeptierte ich diesen Spitznamen.

Meine Auftritte vor der Presse wurden vom Chef der Öffentlichkeitsarbeit organisiert. Er war in seinem Metier sehr erfahren und hatte von Bob Lutz den Auftrag, einen berühmten Mann aus mir zu machen.

Seine Strategie sah vor, mich nicht sofort in der Öffentlichkeit zu präsentieren. Ich unterwarf mich ganz seinen Anweisungen. «Ich kann warten», erklärte ich. «Sagen Sie mir Bescheid, wenn Sie glauben, daß ich mich zeigen soll.»

Das erste Pressegespräch, das er für mich organisierte, fand Ende Januar 1981 im Redaktionsgebäude der *Bild-Zeitung* in Hamburg statt.

Es waren etwa zwanzig Journalisten anwesend, die mich mit Fragen bombardierten: Wie man als Franzose Chef der deutschen Ford-Werke würde, auf welche Weise ich meinen Job anpacken wolle, ob ich mich in Köln wohl fühle.

Ich hatte bis dahin noch nie ein solches Interview gegeben. Aber ich antwortete spontan wie immer und stellte dabei fest, daß echte Spontaneität auch von Journalisten schwer zu attackieren ist.

Vor allem die bewußte Frage nach meinen bisherigen Kenntnissen parierte ich sofort mit der Antwort, ich hätte auf der Universität nur das Lernen gelernt. «Wo ich schwach bin, werde ich lernen, so wie jeder Topmanager.»

Offenbar war auch der Chef der Öffentlichkeitsarbeit mit meinem Auftritt zufrieden, denn als wir nach dem Gespräch zum Essen gingen, sagte er zu mir: «Heute abend bekommen Sie eine Eins.»

Mein nächster Kontakt mit der Presse verlief schwieriger. Als wir 1982 den berühmten «Sierra» auf den Markt brachten, erschien im *Stern* ein Bericht, in dem es hieß, der von uns angekündigte C_w-Wert sei falsch. Man habe den Wagen im Windkanal testen lassen und sei auf ein um zehn bis zwanzig Prozent schlechteres Ergebnis gekommen.

In den achtziger Jahren wurde um den Luftwiderstandsbeiwert C_w ein regelrechter Kult betrieben. Auch Bob Lutz legte großes Gewicht auf diesen Wert und benützte ihn als Verkaufsargument. Ich konnte mich dieser Gewichtung – weder positiv noch negativ – anschließen und betrachtete das Thema als ziemlich irrelevant.

Der Chef der Öffentlichkeitsarbeit aber legte nach dem *Stern*-Artikel hektische Aktivitäten an den Tag und bot mir großzügig an, sich um die Angelegenheit zu kümmern. Offenbar war er bestrebt, sich neben mir einen Platz zu sichern, bei dem ich – zumindest öffentlich – die zweite Geige zu spielen hätte.

«Machen Sie, was Sie wollen», sagte ich zu ihm. «Aber glauben Sie, daß wir uns derart aufgescheucht geben sollten? Was bedeutet dieser C_w-Wert denn schon?»

«Oh, der ist sehr wichtig», belehrte er mich. «Wir dürfen einen solchen Bericht nicht auf uns sitzen lassen.»

Sogleich leitete er eine Reihe von Maßnahmen ein, um den Wagen für teures Geld erneut testen zu lassen. Damit wollte er mir zeigen, was er konnte, und fürwahr: er stellte einiges auf die Beine. Das Ergebnis war, daß statt des einen Berichts im *Stern* am Ende jede Woche ein Bericht erschien, in dem wir als Lügner dargestellt wurden. Eine hervorragende Pressearbeit.

Ich hatte ihm freie Hand gelassen, und er arbeitete direkt mit Bob Lutz in England zusammen, ohne mich über seine einzelnen Schritte zu unterrichten. Nach drei Wochen hatte ich die Schnauze voll und schaltete mich ein:

«Vor drei Wochen dachte ich, das Thema sei erledigt. Durch Ihre professionelle Arbeit haben wir jetzt jede Woche einen Bericht über unser c_w-Wert-Problem. War es das, was wir erreichen wollten?»

«Ich gebe zu, aber wissen Sie…», stotterte er.

«c_w-Wert versteht kein Mensch», erklärte ich. «Das ist ein Streit unter Insidern. In Benzinverbrauch umgesetzt versteht es jeder. Und wenn Sie sagen, drei oder vier Prozent c_w-Wert mehr oder weniger haben keinen Einfluß auf den Benzinverbrauch, dann verpufft die ganze Geschichte.»

«Meinen Sie?»

«Ich bin sicher.»

Ganz so einfach war das Problem allerdings nicht zu lösen, denn als Chef von Ford konnte ich nicht einfach auftreten und sagen, der c_w-Wert habe keine Bedeutung. Ich durfte nicht in der Sprache eines Mannes von der Straße reden, sondern mußte mich im Fachjargon ausdrücken.

Es war eine furchtbare Geschichte, durch die wir einen schweren Imageverlust erlitten. Auch Bob Lutz mußte schließlich erkennen, daß er einen Fehler gemacht hatte.

Der Chef der Öffentlichkeitsarbeit kündigte und ging zur Konkurrenz.

Aber mein Schweigen am Anfang und meine Reaktion am Ende verschafften mir im Ford-System Glaubwürdigkeit.

Wie ein Manager, der ein Unternehmen vertritt, mit der Öffentlichkeit umzugehen hat, kann man nirgendwo lernen.

Das ist eine Frage des Geschicks – aber wenn man zu geschickt agiert, dann wird man schnell als Schaumschläger abqualifiziert.

Der Kanzler und der Katalysator

Bei Ford befand ich mich wirklich in einem Viereck der Kulturen. Ich war Franzose und vertrat auf deutschem Boden eine amerikanische Firma mit einer Koordinationsstelle in England.

Ich hatte es also mit vier unterschiedlichen Wahrnehmungen des Themas Wirtschaft und Automobil zu tun. Dabei fiel mir abermals die Aufgabe zu, die Interessen des deutschen Marktes zu vertreten.

Gegenüber den Amerikanern bereitete mir dies weniger Schwierigkeiten als gegenüber den Engländern, bei denen alles Deutsche grundsätzlich negative Reaktionen hervorrief. Hinzu kam, daß die englischen Manager sich ihrer Bedeutung als eine Art Brückenkopf nach Amerika durchaus bewußt waren und ein Machtbewußtsein aus dieser Funktion bezogen, das sie uns immer wieder spüren ließen.

Unglücklicherweise waren auch die amerikanischen Mitglieder der englischen Mannschaft in ihrer Einstellung englisch geprägt. So gab es ständig Versuche, den europäischen und vor allem den deutschen Produkten einen stärkeren englischen Stempel aufzudrücken, als opportun war.

Wenn man in Deutschland mit einem Produkt erfolgreich

ist, dann ist man überall in der Welt erfolgreich. Es ist eine besondere Eigenschaft des deutschen Produkts, sich überall in der Welt vermarkten zu lassen. Das hängt zusammen mit der deutschen Gründlichkeit, der Solidität und Qualität der Produkte sowie mit der Tatsache, daß der deutsche Kunde im Gegensatz zu andern ein informierter Kunde ist.

Schon bei Renault hatte ich immer wieder auf die Besonderheit des deutschen Marktes verwiesen, und ich betonte sie auch bei Ford. Aber in den großen Meetings mit meinen Kollegen aus Frankreich, Italien und England konnte ich diesen Zusammenhang immer nur andeutungsweise und unter Aufbietung von fast diplomatischem Geschick erläutern – nur wenn man dem deutschen Markt mehr Aufmerksamkeit widmete, würde sich dies auch in anderen Ländern bezahlt machen.

Es dauerte lange, bis man bei Ford verstand, daß der deutsche Markt der wichtigste in Europa ist, und die deutschen Belange so ernst nahm, wie dies für die Zukunft der Firma insgesamt wichtig war. Erst in den letzten Jahren ist in dieser Beziehung eine veränderte Situation erkennbar, nachdem auch in das amerikanische Spitzenmanagement Kenner der europäischen und insbesondere der deutschen Verhältnisse aufgenommen worden sind. Alexander Trotmann ist der erste Ford-Chef, der wirklich eine weltoffene Sicht auf das Netzwerk von Ford besitzt, und sogar der Chef von Ford of Europe ist ein Deutscher.

Ich habe den Eindruck, daß all die Jahre, in denen wir versucht haben, der Rolle Deutschlands innerhalb des Ford-Konzerns das ihr zustehende Gewicht zu verschaffen, doch nicht umsonst waren.

Ein Thema, mit dem ich bei den amerikanischen Managern auf besonderes Unverständnis und sogar Widerstand stieß, war die Einführung der Katalysatortechnik in der Bundesrepublik.

Aufgeschreckt durch Waldsterben und sauren Regen, kündigte Bundesinnenminister Friedrich Zimmermann eine gesetzliche Regelung an, die den Einsatz der Katalysatortechnik in Kraftwagen vorschreiben sollte. In der Öffentlichkeit löste dies eine große Diskussion aus. Die Automobilindustrie reagierte unterschiedlich darauf, aber im großen und ganzen war sie dagegen.

Die Lage auf dem deutschen Automobilmarkt gestaltete sich seltsam widersprüchlich. Da der Katalysator in Amerika bereits ein absolutes Muß darstellte, waren die deutschen Firmen, die ihre Wagen nach Amerika exportierten, mit dieser Technik bereits vertraut. Die Ford-Werke aber, die in Europa eigene Gesellschaften unterhielten und ihre eigenen Produkte entwickelten, waren auf diese Einführung nicht vorbereitet.

Unsere Zentrale in England empfand den Zwang zum Einsatz der Katalysatortechnik fast als Unverschämtheit, solange die eigentliche Ursache des Waldsterbens nicht zweifelsfrei geklärt war.

Die Ford-Spitze drängte mich immer wieder, in den Sitzungen mit deutschen Regierungsvertretern meine Stimme gegen die Katalysatortechnik zu erheben. Ich sollte die Überflüssigkeit des Katalysators beweisen und darlegen, daß andere Techniken für eine Kohlendioxidreduzierung viel geeigneter seien.

Ford propagierte damals den sogenannten Magermotor,

von dem heute niemand mehr spricht und der eigentlich nichts anderes war als ein normaler Motor, der so eingestellt wurde, daß mehr Luft als Benzin in den Vergaser kam und sich die Abgase im Auspuff reduzierten.

Die Ergebnisse, die dabei erzielt wurden, waren sicher nicht so gut wie beim Katalysator. Aber ein Katalysator verursachte auch mehr Kosten. Und gerade die erforderlichen Investitionen waren es, die bei Ford Sorgen bereiteten.

Schließlich kam sogar die Spitze von Ford weltweit aus Amerika nach Deutschland, und ich mußte vor diesem obersten Gremium die Situation in Deutschland darlegen.

Ich stellte – vielleicht ein wenig zu literarisch – die Geschichte der Deutschen und ihrer Kultur dar, erläuterte die deutsche Ernsthaftigkeit und Entschlossenheit und sprach über die Beziehungen der Menschen zur Natur.

«Wenn überhaupt ein Land in Europa es ernst meint mit der Einführung der Katalysatortechnik, dann ist es Deutschland», schloß ich meine Darlegung.

In der folgenden Diskussion meldete sich John B. Connally, der von 1936 bis 1968 als Gouverneur von Texas amtiert hatte und damals stark im Ölgeschäft involviert war:

«Daniel, wir haben alles verstanden, aber kann man denn Kanzler Kohl nicht einfach klarmachen, daß diese Entscheidung falsch ist?»

Nach dieser Äußerung war ich sprachlos. Sie konnte wohl nur aus einem Land kommen, in dessen Zeitungen Europa erst unter ferner liefen rangierte. Sie zeigte nicht nur, wie wenig von meinem Vortrag tatsächlich verstanden worden war, sondern offenbarte auch, wie einfach es offensichtlich in Amerika war, Probleme zu lösen.

Beim anschließenden Aperitif bekam ich dann den Vorwurf zu hören, ich hätte mich weniger ausführlich über die Mentalität der Deutschen auslassen sollen. Man forderte mich auf, Connallys Rat zu folgen und mit Bundeskanzler Kohl in Kontakt zu treten.

Ich hatte damals eine gute Beziehung zu Helmut Kohl, den ich noch aus seiner Zeit als Oppositionsführer kannte, wo er schnellen Schrittes unsere Werke in Köln besichtigt hatte. Seitdem war ich einige Male mit ihm zusammengetroffen. Er stand mir immer bereitwillig zur Verfügung, wenn ich als Vorstandsvorsitzender von Ford seinen Rat für die Automobilindustrie, die ich auch teilweise zu vertreten hatte, suchte.

Als ich bei Ford gerade angefangen hatte, klingelte eines Tages das Telefon.

«Ein Anruf für Sie: der Kanzler», sagte meine Sekretärin, und ehe ich richtig erfaßt hatte, wer hier am Telefon war, stellte sie das Gespräch durch.

«Wer ist da?» fragte ich.

«Der Kanzler», lautete die Antwort.

«Der Kanzler?» fragte ich zurück.

«Ja, ich bin der Kanzler Helmut Kohl.»

Schrecksekunde meinerseits, dann wieder Kohl:

«Ich würde gerne Herrn Goeudevert sprechen.»

Endlich kapierte ich.

Ich hatte mich an meine Position als Vorstandsvorsitzender noch nicht richtig gewöhnt und konnte es gar nicht glauben, daß der Kanzler mich anrief.

Diesmal nun war ich es, der anrief. Ich erklärte dem Kanzler, daß die oberste Spitze von Ford sich mit dem Einsatz der

Katalysatortechnik schwer tue und nicht recht wisse, inwieweit die Absichten der Bundesregierung in dieser Sache ernst zu nehmen seien.

Helmut Kohl zeigte sich entgegenkommend wie immer und erklärte sich bereit, das amerikanische Ford-Gremium bei seinem nächsten Besuch in Deutschland zu empfangen.

Das Treffen fand einige Monate später an einem Nachmittag statt. Kohl gewährte uns eine Audienz von einer Stunde, und ich bat die Bosse, dem Kanzler deutlich zu machen, daß es für Ford unmöglich sei, die Katalysatortechnik für europäische Produkte einzuführen, wenn es nicht zu unwirtschaftlichen Konsequenzen kommen solle.

Kanzler Kohl betrat mit raumgreifendem Schritt das Sitzungszimmer, grüßte alle von Henry Ford und Harold Poling über Phil Caldwell bis zu John Connally sehr freundlich.

Ich saß als kleiner Mann nur beobachtend dabei.

Kohl hielt dann eine geopolitische Rede, die eine lebhafte Diskussion auslöste, ohne daß darin ein einziges Mal das Wort Katalysator fiel. Ich wurde allmählich unruhig und schob meinem Nachbarn einen Zettel zu. Connally muß den Kanzler ansprechen – er erwartet das Thema Katalysator. Der Zettel wurde geschoben und geschoben, bis er ergebnislos in einer Tasche verschwand.

Die Sitzung näherte sich dem Ende. Aus der einen Stunde waren beinahe zwei geworden. «Haben Sie noch Fragen?» wollte der Kanzler mit einem Augenzwinkern in meine Richtung wissen.

Nein, nach der Erörterung aller weltpolitischen Probleme hatte niemand mehr eine Frage, und Kanzler Kohl beendete das Treffen.

Ich dankte ihm für seine Freundlichkeit, uns empfangen zu haben. Da nahm er mich ein wenig beiseite und fragte:

«Sind Sie sicher, daß Ihre Leute ein Problem mit dem Katalysator haben?»

Das war für mich natürlich eine peinliche Situation.

«Sie hätten das Thema schließlich auch mal ansprechen können, Herr Bundeskanzler», wandte ich ein.

Er blickte mich nur erstaunt an und meinte:

«Warum soll ich die Frage stellen, wenn auf meine Bitte, Fragen zu stellen, das Thema von Ihrer Seite nicht aufgegriffen wird?»

Damit hatte er natürlich recht, und ich erhielt eine politische Lektion, wie man auf elegante Art und Weise vermeiden kann, schlafende Hunde zu wecken.

Als ich anschließend den Ford-Bossen gegenüber höflich meiner Verwunderung darüber Ausdruck verlieh, warum keiner das Thema Katalysator erwähnt habe, blieb man mir die Antwort schuldig.

Aber ich hatte längst verstanden: Als Mitglied des Top-Managements unterhielt man sich mit dem Kanzler nicht über banale Themen, die mir das Leben schwermachten.

Um mich mit der amerikanischen Kultur und Mentalität vertrauter werden zu lassen, an der ich nach Meinung des Managements zuviel Kritik übte, wurde ich nach Amerika geschickt. Dort wurde ich herumgereicht und zu zahlreichen Sitzungen geladen. An eine erinnere ich mich besonders.

Wir saßen an einem großen Tisch. Es war furchtbar langweilig. Da fiel mein Blick unter den Tisch, und ich stellte fest, daß alle die gleichen Schuhe trugen.

Amerikaner clonen sich gern. Paar an Paar reihten sich unter dem Tisch die typischen amerikanischen Schuhe aus glattem Pferdeleder aneinander, verziert mit zwei Pompons und für ihren Besitzer jeweils um einige Nummern zu groß. Hervorgehoben wurde die Größe der Schuhe noch durch die jeweils zu kurzen Hosenbeine.

Ehe ich nach Europa zurückkehrte, kaufte ich mir auch solche Schuhe. Zu groß gab es sie für mich natürlich nicht, aber sonst stimmte alles.

Gleich beim ersten Meeting in der europäischen Ford-Zentrale in Warley bei London trug ich die Schuhe, und als das Gespräch wieder darauf kam, daß ich die amerikanische Mentalität doch jetzt richtig verstehen müsse, zog ich wie Chruschtschow in der UNO meinen Schuh aus und stellte ihn auf den Tisch.

«Ihre Mentalität habe ich inzwischen voll inhaliert», verkündete ich. «Ich trage sogar Ihre Schuhe.»

Meinen Worten folgte eisiges Schweigen. Da war nicht einmal ein Lächeln. Sie verstanden nicht, was ich mit dieser kleinen Aktion deutlich machen wollte.

Gordon MacKenzie sprach mich nach der Sitzung an und fragte verständnislos:

«Was war das für ein Blödsinn mit dem Schuh?»

«Aber Gordon, Ihr tragt alle diese Schuhe.»

Noch während ich das sagte, kam Brinkley, der Marketingchef, zur Tür herein. Ich brauchte nur auf seine Schuhe zu zeigen. Aber Gordon wollte meinen Jux nicht begreifen.

In schlechter Erinnerung an diesen amerikanischen Aufenthalt ist mir, daß man meine Offenheit ausnützte und mir viel zu viele Informationen entlockte.

So erinnere ich mich, daß ich einmal in einem Gespräch über Bob Lutz sagte: «Bob Lutz ist genial und außergewöhnlich. Er hat nur ein Problem: Bei der Entwicklung von Autos sieht er sich selbst hinter dem Lenkrad statt den Kunden.»

Bob Lutz befand sich damals in einer kritischen Phase. Er lag im Streit mit Harold Poling, und meine Bemerkung wurde ihm unter die Nase gerieben. Er trennte sich dann von Ford und ging zu Chrysler. Von mir aber glaubte er, ich hätte gegen ihn agiert. Womöglich unterstellte er mir, ich hätte es auf seinen Stuhl abgesehen, was nie der Fall gewesen war. Er sprach nicht mehr mit mir und gab mir keine Gelegenheit, ihm zu erklären, wie alles wirklich zugegangen war.

Ohne Zweifel hat Ford damals einen seiner besten und begabtesten Manager verloren.

Mein Aufenthalt in Amerika war nur von kurzer Dauer. Ich äußerte den Wunsch, einmal für längere Zeit in der amerikanischen Muttergesellschaft tätig zu sein, um den Markt kennenzulernen und Erfahrungen zu sammeln. Doch das Ford-System war auf ein solches Anliegen überhaupt nicht eingerichtet. Die Mitarbeiter waren in ein Stufensystem von eins bis fünfundzwanzig eingeteilt. Die fünfundzwanzigste Stufe war dem Präsidenten vorbehalten. Ich stand auf der zwanzigsten, auf der in Amerika die Division Manager standen. Eine solche Position hätte ich auf dem mir unbekannten Markt nicht ausfüllen können. Mir schwebte eine Tätigkeit irgendwo in der Region vor. Dafür aber hätte ich zeitweilig heruntergestuft werden müssen, was mir egal gewesen wäre. Aber der Personalchef erklärte ein solches Vorgehen für unmöglich.

Das System erlaubte keine Flexibilität. Wer unter seinem Niveau arbeiten wollte, galt als verrückt. Um glaubwürdig zu wirken, mußte man immer aufwärts streben.

Ich bedauere es noch heute, daß mir wegen dieser hierarchischen Rigidität die Erfahrung, in Amerika für ein amerikanisches Unternehmen zu arbeiten, verwehrt blieb.

Die Starrheit des Ford-Systems schlug sich auch im Ablauf der Sitzungen nieder. Ich agiere und reagiere gern spontan und hasse zu lange Vorbereitungen. Bei Ford aber gab es keinen Raum für Spontaneität. Jede Sitzung wurde minutiös vorbereitet.

Als ich das erste Mal im Forschungs- und Entwicklungszentrum in Köln-Merkenich für Deutschland vortragen sollte, wurde auch Henry Ford als Gast erwartet.

Vier Wochen vor dem Termin brachten mir meine Mitarbeiter ein fünfhundert Seiten starkes Buch, das sie zur Vorbereitung des Treffens erarbeitet hatten.

«Sie glauben doch nicht im Ernst, daß ich das lesen werde?» fragte ich entsetzt. «Sie brauchen ja nicht das Ganze zu lesen. Das Wichtigste haben wir für Sie markiert.» Ein Blick in die Papiere verriet, daß man einen Bruchteil des Textes für mich angestrichen hatte, weshalb ich fragte: «Und wenn also nur zehn Prozent des Ganzen unbedingt gelesen werden müssen, weshalb hat man dann die restlichen 90 Prozent überhaupt geschrieben?»

Danach hieß es, ich müsse in den Saal kommen und mir die Sitzordnung ansehen. Auch die Sitzordnung wurde vorher ganz genau ausgetüftelt und festgelegt.

Während der Sitzungen ging es dann zu wie bei der UNO.

Hinten saßen die Back-ups, also die Leute, die die Papiere erarbeitet hatten, dreimal mehr wußten als der Boß, aber den Mund nicht aufmachen durften, und vorne am Tisch saßen deren Vorgesetzte, die sich haarklein an das Protokoll zu halten hatten.

In den späten achtziger Jahren wurden Vorstöße unternommen, den strengen Rahmen etwas zu lockern. Es war ausgerechnet der für seine Pingeligkeit bekannte Harold Poling, der durch einen außerprotokollarischen Vorstoß seine Mitarbeiter zum ersten Mal in totale Desorientierung versetzte.

Es war eine typische Ford-Sitzung. Jeder hatte einen riesigen Haufen Papier vor sich liegen, als Poling plötzlich anordnete: «Well, gentlemen, close your books, and just tell me what you think.»

Sprachlos blickten alle in die Runde. Keiner vermochte Polings Aufforderung zu folgen.

Später versuchte man, in Seminaren Methoden zu entwikkeln, wie man gut vorbereitet auch frei vortragen kann. Völlige Spontaneität endet im Chaos, aber eine allzu perfekte Organisation, die keine Freiräume mehr läßt, führt zur Erstarrung. Und wenn man bei jeder zweiten Wortmeldung mit einem Verweis auf die Tagesordnung abgeschmettert wird, dann hat man bald keine Lust mehr, vorzutragen. Ich hatte oft genug mit diesen jede Spontaneität und jedes Engagement für eine Sache knebelnden Regieanweisungen solcher Sitzungen zu tun. «Daniel, don't get emotional!» – so hieß die ständige Aufforderung, zu dem kühlen, häufig staubtrockenen Berichtstil zurückzufinden, als garantiere der eher papierne Vortrag an sich schon ein höheres Niveau der Diskussion. Emotionen und Leidenschaft galten auf diesen Sitzungen a priori als unglaubwürdig.

Frauen – sofern sie sich überhaupt einmal in diese Männerwelten verirren – werden diese Art von normativem Komment kennen: Es ist die Sprache der Männer, die im wesentlichen einer nie angezweifelten Vorstellung von «vernünftigem Argumentieren» und «rationalem Handeln» folgt, als sei der Verstand eine sterile, technische Maschine und Gefühl nur Sand im Getriebe. Das macht Vorstandssitzungen, und das gilt sicherlich nicht nur für die Wirtschaft, sondern auch für die Politik, häufig so unendlich langweilig – und unproduktiv. Wenn ich überzeugen, motivieren und Neues gestalten will, dann gehört dazu Begeisterungsfähigkeit, Lust, zuweilen Passion, mit der man hartnäckig seine Ziele verfolgt.

Was die Sitzungen bei Ford wenigstens etwas lebendiger machte, war das Sprachproblem.

In einem Gremium, in dem vier oder fünf Sprachen vertreten sind und keiner des anderen Sprache ganz mächtig ist, reicht Sprache allein als Kommunikationsmittel nicht mehr aus, und das Schweigen wird genauso wichtig wie das Sprechen. Das galt sogar für die Engländer und die Amerikaner. Erst bei Ford habe ich gelernt, daß und wie die beiden Sprachen sich unterscheiden.

Intuitiv spürten wir bei unseren Meetings, daß die Sprache kein vollständiges Vehikel der Kommunikation zwischen uns sein konnte und wir emotional einen Gruppenzusammenhang schaffen mußten. Deshalb war die Stimmung bei Ford viel besser als bei den anderen Unternehmen, die ich kennenlernte – mit Ausnahme von Citroën.

Einer der Versuche, aus der Starrheit des Systems auszubrechen, war die Einführung der sogenannten Skip-Level-Meetings.

Diese Treffen bestanden darin, daß der Manager bei der Zusammenstellung von Gruppendiskussionen eine Hierarchieebene übersprang. Als Vorstand mußte ich also die Ebene der Direktoren und Abteilungsleiter überspringen und das Gespräch direkt mit den Leitern der Unterabteilungen suchen.

Die Idee war gut. Ich führte Hunderte Gespräche dieser Art und setzte sie auch später bei Volkswagen fort. Dort wurden sie häufig als «Quatschstunden» verspottet. Aber wenn man neu in eine Firma einsteigt, erhält man durch diese Gespräche schnell ein Bild.

Insbesondere in großen Firmen besteht für die Mitglieder des Vorstands häufig das Problem, daß sie sich mit ihren Tätigkeiten immer weiter vom wirklichen Leben entfernen. Skip-Level-Gespräche bieten ihnen die Möglichkeit, wieder zurück an die Front und zur Realität des Geschäfts zu gelangen. Und nicht selten hörte ich von Mitarbeitern: «Das ist nicht nur das erste Mal seit dreißig Jahren, daß ich den Chef zu Gesicht bekomme, sondern auch daß ich mit ihm reden kann.»

Dennoch erwies es sich in der Praxis nicht selten als schwierig, die Idee der Skip-Level-Meetings auch wirklich voll umzusetzen. Zum einen ist es einfach nicht jedem gegeben, aus der Geborgenheit seines Büros herauszukommen und Menschen zu begegnen, die man zuvor noch nie gesehen hat.

Gelingt es nicht, auf lockere Weise das Eis zu brechen, kommt es zu einem völlig verkrampften Gespräch. Zumeist braucht man mehrere Sitzungen, um die Atmosphäre so weit zu entspannen, daß eine wirklich freie Unterredung zustande kommt.

Zum anderen sind die Folgen solcher Gespräche schwierig zu bearbeiten. Habe ich ein gutes Gespräch geführt, bei dem auch die Mitarbeiter motiviert waren, dann schlägt sich das Ergebnis in einem Protokoll von Beanstandungen nieder. Was aber mache ich damit?

Um den Beanstandungen nachzugehen, ist man wieder auf das hierarchische System verwiesen. Denn Abhilfe schaffen kann nur der unmittelbare Vorgesetzte, der aber in das Gespräch gar nicht involviert war.

Heute praktiziert man eine andere Methode. Man verflacht die Strukturen, baut die mittlere Hierarchieebene ab und reduziert den hierarchischen Aufbau auf wenige Ebenen. Ob das der bessere und effizientere Weg ist, weiß ich nicht. Denn unberührt davon bleiben die unausgesprochenen Hierarchien, die sich in jedem Unternehmen herausbilden, sowie die Nebenhierarchien mit den Betriebsräten und Gewerkschaften.

Ähnlich schwierig erwiesen sich Initiativen, die Teamarbeit zu fördern, die bei Ford mit großem Engagement ergriffen wurden.

Wir stießen auf völlig neue organisatorische Probleme. Denn um mit Teamarbeit zu beginnen, galt es zunächst, Mitarbeiter bei der Entscheidungsfindung zu integrieren, die bis dahin von solchen Prozessen ausgeschlossen waren. Ferner hat Teamarbeit nur dann einen produktiven Sinn, wenn der Entscheidungsprozeß selbst offen strukturiert wird.

Die Hauptschwierigkeit bestand darin, daß jeder einzelne

primär geprägt war von der Orientierung am eigenen Erfolg. Auch im Team drehte sich alles um den eigenen Vorteil.

Ford führte deshalb ein Bonussystem ein. Entscheidend sollte sein, in welchem Umfang jemand etwas zur Entwicklung des Teamgeistes beigetragen hatte. Nicht mehr derjenige, der individuell eine bessere Leistung erbrachte, wurde höher entlohnt, sondern der, der ein Team vorwärtsbrachte.

In dieselbe Richtung zielte die Idee, Manager nicht nur von ihren Vorgesetzten beurteilen zu lassen, sondern auch von den Kollegen und Untergebenen. Die Verunsicherung, die dadurch entstand, war enorm. Plötzlich spielten ganz andere als nur sachliche Argumente eine Rolle.

Das System der Leistungserbringung wurde komplexer und geriet in Konflikt zu den übrigen Arten der Leistungszuweisung in einem Unternehmen.

Bedenkt man, daß die Systeme in Unternehmen auch heute auf die Umsetzung solcher Ideen noch nicht eingerichtet sind, dann wird vielleicht verständlich, daß man nach einem Jahr genug von dem Chaos hatte und das Experiment abbrach.

Man hatte die Schwerkraft des Apparats unterschätzt und vor allem nicht bedacht, daß eine solche Umstellung von hierarchisch-strukturierter Arbeit zur Teamarbeit einen Mentalitätssprung erfordert. Das Denken der Mitarbeiter sollte gleichsam durch den Teamgeist revolutioniert werden. Gefordert war damit ein Zurückstellen des persönlichen Interesses hinter das Interesse des Teams, die Bereitschaft, die eigenen Ansprüche zugunsten der Förderung der Ansprüche anderer zurückzunehmen. Und dieses Verfahren implizierte auch eine ganz andere Einstellung zu den Arbeitserfolgen anderer: statt der eifersüchtigen Distanz und Kritik die Kooperation und Freude darüber, daß von anderen Erfolge erzielt wurden.

Ohne Team haben Unternehmen keine gute Zukunft, aber die Umstellung auf Teamarbeit ging bei diesem Versuch gehörig daneben.

Die Zukunft gehört dem Visionär

Wenn ich heute die weitere Entwicklung auf dem Automobilmarkt betrachte, mache ich mir Vorwürfe, daß ich so wenig Energie aufbrachte, um meine Ideen durchzusetzen. Aber ich muß gestehen, daß ich kein Kämpfer bin. Ich brauche um mich herum Menschen, die mir vertrauen und nicht ständig meine Ideen anzweifeln. Vielleicht ist diese Haltung naiv oder oberflächlich. Aber ich bin überzeugt, daß sich eine Firmenstruktur denken läßt, in der der Visionär, der die entscheidenden Ideen fünf Minuten vor den anderen hat, geschätzt wird.

Zu meiner Zeit war es bei Ford unheimlich schwer, eine Entscheidung herbeizuführen. Jeder Vorschlag mußte erst alle schikanösen Hürden des Systems überwinden.

Während meine Einstellungsverhandlungen mit Ford noch liefen, erreichte mich plötzlich ein Anruf. Der Anrufer gab sich freundschaftlich, er wolle mir nur erklären, welcher Job mich bei Ford erwarte.

Ich traf ihn zweimal, und er zeigte mir Unterlagen, aus denen hervorging, daß der Job öffentlich zwar in hohem Ansehen stand, in Wahrheit aber in seinen Entscheidungskompetenzen entschieden eingeengt war.

Der Hinweis war berechtigt, wenn auch der Überbringer dieser Nachrichten mich bestimmt nicht vor unliebsamen Überraschungen bewahren als vielmehr den Job für sich selbst ergattern wollte.

Das hierarchische Entscheidungssystem bei Ford war damals so dicht geknüpft, daß es selbst als Vorstandsvorsitzender unendlich viel Mühe kostete, in diesem Netzwerk von Regeln jene Löcher zu finden, wo die Schaffung von Freiräumen möglich war. Die Durchsetzung von neuen Ideen erwies sich als ein fast aussichtsloses Unterfangen. Wer nicht wirklich an der Spitze stand und alle Fäden der Macht in der Hand hielt, hatte dabei kaum eine Chance. Ideen verwirklichen, das vermochte nur das Top-Management, bereits auf der Ebene darunter konnte man Ideen bestenfalls beschleunigen. Diese Erfahrung begleitete mich während meiner gesamten Tätigkeit an der Spitze der deutschen Ford-Werke.

Ich gebe zu, daß ich mich oft auf die Belegschaft oder den Betriebsrat stützen und sogar die Presse involvieren mußte, um durch den Dschungel des Systems hindurch zu kommen. Erst durch solche externe Einwirkung konnte ich das System veranlassen, sich mit meinen Ideen zu befassen.

Als die Vorbereitungen für den Fiesta II liefen, der 1983 herauskommen sollte, war deutlich erkennbar, daß mehr und mehr Frauen Autos benutzten und sogar besaßen. Ich führte daher mit dem Marketingingenieur ein Gespräch, ob wir nicht mit dem Fiesta II in diesen Trend einsteigen und stärker die Nutzungsbedürfnisse von Frauen berücksichtigen sollten. Das Verhältnis von Frauen zur Technik unterscheidet sich von dem der Männer erheblich – für sie ist auch das Auto viel weniger ein Spielzeug als für die Männer.

Eine Münchner Frauenzeitschrift hatte einige sehr gute, auch praktisch verwertbare Ideen zum Thema Frauenauto entwickelt. Wir luden die Chefredakteurin der Zeitschrift zu uns ein, um uns einmal mit dem Thema Auto aus der Sicht einer Frau auseinanderzusetzen. Was bemängelt die Frau am gängigen Auto, das, wie man weiß, seit Jahrzehnten von Männern für Männer entwickelt, gebaut und produziert wird?

Das Ford-Management reagierte auf meine Aktivitäten äußerst distanziert und nahm sie bestenfalls mit einem Schmunzeln zur Kenntnis, ohne sie ernsthaft zum Thema zu machen.

Das stärkste Argument gegen ein Frauenauto war das Risiko, daß die Männer ein solches Auto gar nicht kaufen würden. Man zeigte sich nicht einmal zu kleinsten Zugeständnissen bereit.

In einem Produktmeeting legte ich dar, daß man im Laufe der Jahre wohl an die Frau gedacht habe, aber nur als Beifahrerin, und ich verwies auf den in die Sonnenblende eingebauten Spiegel. Selbst mein Minimalvorschlag, einen solchen Spiegel auch in die Sonnenblende über dem Fahrersitz zu installieren, wurde aufgrund der Mehrinvestition von einigen Pfennigen nicht akzeptiert. Dabei hatte die Zeit, die das Top-Management mit der Diskussion meiner Vorschläge zugebracht hatte, am Schluß erheblich mehr Geld verschlungen, als die Umsetzung meiner Ideen gekostet hätte.

Zu den zahlreichen Vorschlägen, die am Ende aufwendiger Diskussionen im Papierkorb landeten, gehörte auch das sogenannte Freizeitauto.

Aus der Beobachtung der Lebensgewohnheiten der Deutschen und der Tatsache, daß sie über immer mehr Einkommen und mehr Freizeit verfügten, gewann ich den Eindruck, daß der Trend zum Freizeitauto sich verstärken würde. Ich stellte deshalb die Überlegung an, ob ein Jeep mit Allradantrieb nicht auch für die deutschen Ford-Werke ein interessantes Produkt sein könnte. Die Entwicklung hätte keine allzu großen Probleme aufgeworfen, da Ford in den USA solche Allzweckautos bereits produzierte. Was mir vorschwebte, war eine Mischung aus bequemem Auto und Geländewagen, wie man sie heute allenthalben auf den Straßen sieht.

Wir hatten damals bei Ford einen sehr begabten Designer, den Franzosen Patrick Lequement, der heute Chefdesigner von Renault ist. Da wir Landsleute waren, suchte ich ihn häufiger auf, um mit ihm beim Kaffeetrinken über das Thema Auto zu plaudern. Wir sprachen auch über die Idee eines Freizeitautos, und Lequement wollte einen Freizeitjeep für den deutschen Markt entwerfen, ein Auto, das einen bestimmten Lebensstil vermittelte. Die potentiellen Kunden eines solchen Freizeitwagens betrachteten sich als Individualisten und wollten sich als selbstbewußt, freizeitorientiert und naturnah präsentieren, auch wenn ein solches Auto für die Natur eher eine Katastrophe darstellte.

Meine Idee war lediglich einem Instinkt entsprungen, der allerdings von den sogenannten Fachanalysen nicht bestätigt wurde. Man gab einem solchen Produkt keine Zukunftschancen, und mein Vorschlag, in den Freizeitmarkt einzusteigen, wurden damals abgelehnt.

Nachdem die Ford-Manager die eigene Entwicklung eines Jeepmodells für den deutschen Markt versäumt hatten, mußten sie später genau wie Opel eine angepaßte Version der amerikanischen Modelle einführen. Das brachte nicht nur geschäftliche Nachteile mit sich, sondern war auch ein Imageverlust. Wäre Ford rechtzeitig in die Entwicklung eines Freizeitwagens eingestiegen, hätte es Imagepunkte sammeln und sich als kundennah präsentieren können. Diese Chance wurde verpaßt.

Ähnlich scheiterte ich mit dem Minibus. Ich erinnere mich noch an den Automobilsalon in Genf 1982, als die Firma Mitsubishi mit einem Minibus auf den Markt kam. Der Wagen stellte damals eine absolute Novität dar. Ich erkannte spontan, daß für ein solches Produkt eine Marktnische vorhanden war, und wollte auch Ford dazu bewegen, einen Minibus auf den Markt zu bringen.

Wieder wäre die Entwicklung aufgrund der bereits vorhandenen amerikanischen Kleinbusse von Ford einfach gewesen, und wir wären in Deutschland als erste Autofirma mit einem solchen Produkt herausgekommen. Doch auch diese Idee, bei der wiederum Lequement mein Mitstreiter war, scheiterte.

Obwohl ich nicht nur über die Presse Druck ausübte, indem ich sie auf die Idee aufmerksam machte, sondern auch die Fürsprache der Händler zu gewinnen suchte, hieß es von oben wieder: Kein Markt dafür in Europa.

Daß ein solcher Markt durchaus vorhanden war, bewies einige Jahre später die Firma Renault mit dem Renault Espace. Fast zehn Jahre lang konnte sich dieses Modell relativ ungestört ein Segment auf dem europäischen Markt sichern, nur zögerlich folgten die anderen Marken nach.

Wenn ein Modell mit Hilfe umfangreicher Marketingmethoden schließlich auch verkauft wird, ist das noch kein Beweis dafür, daß der Kunde sich ein solches Auto tatsächlich wünscht. Eher handelt es sich um etwas, was ich wiederholt als Diktatur des Angebots bezeichnet habe.

Außerdem ist die Entwicklungsabteilung eines Herstellers eher an den Produkten der Konkurrenz interessiert als an den Bedürfnissen der Kundschaft. Es geht viel mehr darum, die Konkurrenz zu schlagen, als die Kundenbedürfnisse zu befriedigen.

Um von den Finanzchefs eines Unternehmens die Entwicklung eines neuen Modells genehmigt zu bekommen, muß man eine entsprechende Schätzung der zu erwartenden Verkaufszahlen vorlegen.

Die tatsächlich zu ermittelnden Zahlen reichen meist nicht aus, um das Investitionsvolumen zu decken. Also werden die Marketingleute angewiesen, den zu erwartenden Absatz höher anzusetzen. Dieses Zahlenspiel konnte ich in allen Unternehmen beobachten.

Schnellen dann in der Entwicklungsphase des neuen Modells die Investitionskosten plötzlich in unerwartete Höhen, müssen die Marketingleute ihre Schätzungen nochmals nach oben korrigieren und die in Aussicht gestellten Verkaufszahlen abermals höher ansetzen.

Kommt schließlich das fertige Modell heraus, steht man vor der Aufgabe, die zunächst bewußt unrealistisch angenommenen Mengen nun tatsächlich in den Markt zu drükken. Dabei wird den Marketingleuten kaum Luft gelassen. Was immer an Marketingmethoden sich anbietet, muß genutzt werden. Das erklärt, warum heute immer weniger nur das Produkt verkauft wird. Man verkauft nicht nur ein

Auto, sondern ein Finanzierungsprogramm, einen Rabatt, eine Reise in die Karibik und ähnliches mehr. Die Firmen engagieren sich in Bereichen, die mit ihren Produkten gar nichts mehr zu tun haben. Verlierer sind die Kunden, die mit diesen Methoden zum Kauf eines Wagens gedrängt werden, der ihren Bedürfnissen nicht immer entspricht.

Der Vorwurf, keine Ingenieurausbildung zu besitzen, wurde mir natürlich auch bei Ford gemacht. Mein Werdegang von Firma zu Firma hatte mich Erfahrungen sammeln lassen, die mit einer theoretischen Ausbildung gar nicht vergleichbar sind. Ohne eine Wertung vornehmen zu wollen, halte ich an der Überzeugung fest, daß die geistige Offenheit, die man aus einer solchen praktischen Erfahrung gewinnt, durch eine theoretische Ausbildung nicht zu vermitteln ist.

Ingenieure wechseln eher selten ihren Arbeitsplatz. Auf die Art des ständigen Lernens, das meine Karriere charakterisierte, sind sie in der Regel nicht vorbereitet. Ihnen wird abverlangt, alles nach Maß, Zahl und Gewicht zu bewerten. Einen Sinn für das Ganze entwickeln sie selten. Und eben deshalb gerieten wir auch immer wieder aneinander, denn Visionen lassen sich meist nicht in das enge Korsett irgendwelcher Maßeinheiten pressen.

Visionen entstehen durch Marktbeobachtung, durch eine gewisse Sensibilität für den gesellschaftlichen Wertewandel und für kulturelle Strömungen, indem man den Blick weit über das eigene Unternehmen und das spezielle Produkt hinaus schweifen läßt.

Ein guter Manager muß am Puls der Zeit sein, Trends erschnuppern, noch ehe sie Realität sind, Weitsicht besitzen, verbunden mit einem gesunden, dabei aber aktiven Pessimismus. Seine Aufgabe ist es herauszufinden, was der Kunde von heute braucht und welche Einflüsse sein Denken und seine Ansprüche von morgen prägen. Diese Botschaft muß im Unternehmen vermittelt werden. Darum muß ein Topmanager in meinen Augen ein Generalist sein, ohne Scheuklappen, der Zusammenhänge erkennt und daraus Richtlinien für die Zukunft entwickelt.

Ich verstand mich als ein solcher Generalist. Und wenn man meine zu geringe Spezialisierung bemängelte, bezeichnete ich mich als Spezialist der Generalisten.

Um einen Techniker aus mir zu machen, wurde ich wieder für einige Zeit nach Amerika geschickt. Man lud mich in ein großes Ford-Labor ein, wo ein Auto stand, das aussah, als befände es sich auf einer Intensivstation. Überall hingen Drähte und Schläuche.

Ein Ingenieur erklärte mir, mit welchen Zukunftselementen dieses Auto ausgestattet sei.

Als ich die Autotür öffnete, vernahm ich eine Computerstimme: «The door is ajar.»

Ich wußte nicht, was das bedeutete, und fragte: «Was sagt der Computer?»

«Die Tür ist offen», übersetzte mir der Ingenieur.

«Ach ja, das habe ich bemerkt. Ich habe sie ja selbst geöffnet.»

«Aber es ist eine Computerstimme», verteidigte der Ingenieur seine Errungenschaft.

«Und wenn ich einsteige und die Tür zumache, sagt mir der Computer, daß die Tür zu ist?»

Er nickte.

Mehr wollte ich nicht wissen.

«Ich habe verstanden», sagte ich. «Das ist das Auto der Zukunft.»

In der Automobilbranche gab es damals die Tendenz, das Auto immer «klüger» und den Fahrer immer passiver zu machen. Ich sah darin einen gefährlichen Trend.

In den achtziger Jahren fand unter den Automobilherstellern ein harter Wettbewerb statt. Die Autos wurden mit Computern vollgestopft, deren Dienstleistungsangebot nicht im geringsten von Nutzen war. Außerdem wurde ganz vergessen, daß man das Auto auch steuern muß.

Wenn ich im Auto fahre und eine – was offensichtlich der Fall sein muß – weibliche Stimme mich darauf aufmerksam macht, daß ich kein Benzin mehr habe, dann macht das Sinn. Aber wenn mir Benzinverbrauch und Fahrgeschwindigkeit beständig vorgerechnet werden, dann lenkt das ab und ist sogar gefährlich. Man kann nicht gleichzeitig den Computer bedienen und auf den Verkehr achten.

Mittlerweile allerdings ist die Begeisterung für das durchcomputerisierte Auto merklich schwächer geworden.

Im Laufe der achtziger Jahre wurde ich immer stärker von Zweifeln geplagt, ob wir uns mit der Weiterentwicklung des Autos, so wie sie sich abzeichnete, in die richtige Richtung bewegten. Die Autos wurden immer größer, aufwendiger und teurer.

Technik sollte in meinen Augen jedoch nicht Selbstzweck sein, sondern dem Menschen dienen. Und ich fragte mich, ob es auf diesem Weg zu mehr und mehr Perfektion überhaupt noch darum ging, das Leben leichter zu machen.

Im Mai 1985 erfolgte die Einführung des Scorpio, der sich

heute noch als Top-Modell auf dem Markt befindet. Als das Auto entwickelt wurde, hatte es außer seiner ungewöhnlichen Form keine Besonderheiten aufzuweisen. Im Gegenteil, es war mit einem veralteten Motor ausgestattet und besaß schon deshalb auf dem deutschen Markt keine besonderen Chancen.

Ich fing an zu überlegen, ob man dieses Modell nicht durch andere Besonderheiten hervorheben könnte als durch Leistung und Geschwindigkeit. Wenn der Wagen nicht leistungsstark war, dann sollten wir ihn mit einer Eigenschaft verkaufen, die nützlich war und die die Konkurrenz nicht zu bieten hatte: bestmögliche Sicherheit durch die besten Bremsen. Und das beste Bremssystem, das sich damals auf dem Markt befand, war das Antiblockiersystem. Es war nur bei Mercedes und nur gegen Aufpreis zu bekommen.

Ich nahm also Kontakt zu Professor Hans Merkle von der Robert Bosch GmbH in Stuttgart auf, die für Mercedes dieses System herstellte. Professor Merkle war ein höflicher und gebildeter Mann. Er ließ sich nicht anmerken, was er von meiner Idee hielt. Aber er gab mir doch zu verstehen, daß sowohl Bosch als auch Mercedes trotz des hohen Verkaufspreises an dem System Geld verloren und ich daher besser die Finger davon lassen solle.

Ich wollte aber nicht aufgeben. Nachdem ich alle Widerstände der Ingenieure überwunden hatte, die in ein Auto lieber zwei Gaspedale als ein Bremspedal einbauen, und sogar Donald Petersen davon überzeugt hatte, daß in diesem Bremssystem die einzig erfolgversprechende Marketingstrategie für den Scorpio lag, mußte ich die Sache jetzt auch durchziehen.

Es war mein Ziel, daß endlich ein Auto gekauft wurde, nicht weil es schnell fuhr, sondern weil es gut bremsen konnte und sicher war. Nach einigem Suchen machte ich in Frankfurt eine Firma ausfindig, die meine Idee ernst nahm und ein Antiblockiersystem für den Scorpio entwickelte. So wurde dieser Wagen das erste Modell, das ABS serienmäßig anbot.

Dann nahmen wir auch Kontakt zu den Versicherungsgesellschaften auf, damit sie unseren Scorpio-Kunden Rabatte auf die Prämien gewährten. Spontan war einer solchen Bitte schwer zu widersprechen, und es gelang mir, einen zehnprozentigen Rabatt auszuhandeln. Nach sechs Monaten aber gaben die Versicherungen dem Druck der anderen Automobilhersteller nach und strichen die Vergünstigungen wieder.

Ein von der Versicherungsgesellschaft beauftragter Unfallforscher versuchte, mir etwas von einem Kompensationseffekt einzureden, wonach Fahrer mit ABS sich so sicher fühlten, daß sie unvernünftiger fahren und Unfälle provozieren würden.

Keiner in der Branche hatte vorher an einen Durchbruch geglaubt. Wir zwangen den Markt, mit ABS völlig anders umzugehen. Auch Mercedes mußte seine Preise glaubwürdiger gestalten, das heißt um die Hälfte senken.

Ich war sehr stolz auf meinen Erfolg. Er bestärkte mich, auf diesem Wege weiterzugehen und die Auseinandersetzung um das Auto der Zukunft mit neuen Zielen fortzusetzen.

Was mich am Automobil vor allem interessierte, waren nicht Ventile, Nockenwellen oder Vergaser, sondern der Mensch, der das Auto fährt, der mobile Mensch mit seinen

Bedürfnissen, Wünschen und Möglichkeiten. Deshalb beschäftigte ich mich in wachsendem Maße mit der Funktion des Automobils, nämlich Menschen zu transportieren, nicht mit dem Produkt als solchem.

Wichtig ist die Mobilität, nicht nur das Auto. Außerdem war für mich immer die gesellschaftliche Verantwortung eines Herstellers genauso wichtig wie die Qualität seiner Produkte.

In diesem Zusammenhang gebrauchte ich einmal das Wort «Inzucht-Engineering», was mir viel Ärger eintrug. In der Tat aber sah ich, daß die von den Ingenieuren vorangetriebene Entwicklung der Automobiltechnik mehr und mehr als Einbahnstraße verlief. Jedes Nachfolgemodell war noch größer, stärker und schneller als das vorhergehende. Es hatte mehr Technik, mehr Ventile, mehr PS. Ich fragte mich, ob das wirklich automobiler Fortschritt war, wenn Hersteller Familienlimousinen auf die Straße schickten, deren Fahrleistungen an die Rennwagen der sechziger Jahre heranreichten.

Wenn das Automobil dieselbe stürmische Entwicklung und dieselben Generationssprünge hinter sich gebracht hätte wie die Chiptechnologie, so haben einige Siemens-Ingenieure einmal errechnet, würde es heute nur noch fünf Kilogramm wiegen, 5000 Kilometer pro Stunde schnell sein und nur 5 DM kosten.

Das Automobil steckte aber entwicklungstechnisch immer noch in der ersten Generation, und man mußte sich fragen, ob die ansteigende Erfolgskurve nicht in die falsche Richtung führte.

Ich war fest davon überzeugt, daß das Auto nur dann eine

Zukunftschance hatte, wenn es wieder kleiner und billiger wurde. Ausgehend von der Beobachtung, daß wir einer Welt entgegengingen, in der immer mehr Menschen mit einem geringeren Einkommen leben mußten, propagierte ich die Idee eines populären Autos, das nicht mehr kosten sollte als 10000 DM.

Dieser Vorschlag verursachte viel Aufregung. Zum einen kümmerte es die Automobilhersteller überhaupt nicht, ob die Käufer sich für den Erwerb eines Wagens verschuldeten. Zum anderen zogen sie sogar Nutzen aus den Krediten. In den achtziger Jahren hatte die Automobilindustrie nämlich begonnen, sich im Bereich der Finanzdienstleistungen zu diversifizieren.

Auch bei Ford erfolgte eine Aufteilung in drei Geschäftsbereiche, den Automobilbereich, den Diversified Products und den Financial Services. Mich veranlaßte diese Maßnahme häufig zu der Frage, ob wir überhaupt noch im Automobilgeschäft tätig seien.

Der einzige, der damals meine Äußerungen ernst nahm, war Carl Hahn, der Vorstandsvorsitzende des Volkswagen-Konzerns.

Auf die Frage von Journalisten, was er von meiner Idee eines 10000-DM-Autos halte, antwortete er: «Das haben wir schon.»

Und das stimmte. Volkswagen hatte 1986 die Mehrheit bei der spanischen Automobilfirma SEAT übernommen, und SEAT produzierte ein ganz kleines Auto, den Marbella, der ungefähr 10000 DM kostete.

Ein 10000-DM-Auto mußte nach meinen Vorstellungen kein biederes Auto sein. Es konnte sehr attraktiv sein. Aber seine Entwicklung erforderte eben eine völlig andere Einstellung zum Auto, als die meisten Ingenieure gewohnt waren.

Es ging mir darum, einer Tendenz Einhalt zu gebieten, die einem Drang nach ständigem Mehr folgte. Ich focht deshalb bei Ford anläßlich der Einführung des neuen Fiesta III einen harten Kampf aus, denn ich wollte, daß dieser nicht teurer sein sollte als der alte.

Zum ersten Mal in der Geschichte der Automobilindustrie in Deutschland sollte ein neues Modell eingeführt werden, ohne den Preis anzuheben. Bisher war es üblich, dem Kunden bei der Einführung eines neuen Modells stets einen etwas höheren Preis abzuverlangen.

Tatsächlich verursacht auch innerhalb einer Produktlinie die Entwicklung eines neuen Modells Kosten, die durch den Verkaufspreis gedeckt werden müssen. Doch Ford hatte im Produktivitätsbereich enorme Fortschritte und Kostenreduzierungen erzielt, so daß ich es als Verpflichtung ansah, einen Teil der internen Einsparungen den Kunden zugute kommen zu lassen.

Hätte ich so argumentiert, nämlich moralisch, wäre ich bei den Finanzleuten und Ingenieuren wahrscheinlich hart aufgelaufen. Um überzeugen zu können, mußte ich meine Idee unter Marketinggesichtspunkten vortragen. Das Kunststück gelang mir. Der neue Ford kam 1989 zum selben Preis auf den Markt wie der alte.

Die Fachjournalisten waren dermaßen überrascht von diesem Coup, daß sie ihn gleich als Verkaufstrick zu entlarven suchten. Da wir Ende des Jahres 1988 die Preise für alle Modelle angehoben hatten, hieß es, die Preisgleichheit sei nur fingiert und aufgrund der vorherigen Erhöhung zustande gekommen. Hätten die Journalisten gewußt, welche Energie ich hatte einsetzen müssen, um die Finanzmanager von Ford zu überzeugen, sie wären nicht auf eine solche Argumentation verfallen.

Heute allerdings frage ich mich, ob nicht die Kollegen aus der Automobilindustrie diese Form der Einführung eines neuen Modells als Präzedenzfall fürchteten und die Fachpresse nicht von ungefähr die Rolle des Kritikers zu übernehmen hatte. Maßnahmen zugunsten der Kunden sind nicht einfach durchzusetzen, wenn sie gegen die Interessen von Unternehmern, Aktionären oder Banken zu verstoßen scheinen.

Es dauerte lange, bis die Industrie dieses Modell wieder aufnahm: Vor kurzem kam der neue VW-Polo ohne Preissteigerung auf den Markt.

Für die Werbekampagne anläßlich der Markteinführung des neuen Fiesta ließen wir uns eine ganz und gar ungewöhnliche Aktion einfallen.

Als ich erstmals nach Köln gekommen war, hatte sich die Stadt in einer Art Identitätskrise befunden. Sie war zwar eine Industriestadt, aber sie besaß nicht unbedingt ein klares Profil. Im Laufe der achtziger Jahre jedoch wandelte sie sich, nicht zuletzt unter dem Einfluß des Industriellen und Kunstmäzens Peter Ludwig, zunehmend zu einer Kulturstadt.

Peter Ludwig machte der Stadt große Kunstschenkungen, und sie im Gegenzug verpflichtete sich, seiner Sammlung ein Museum zu errichten. Das Projekt wurde, kurz nachdem ich im 15. Stockwerk der Ford-Werke in Köln-Deutz mein Büro bezogen hatte, in Angriff genommen.

Von meinem Büro aus hatte ich einen herrlichen Blick

über den Rhein und bis zum Dom. Doch je weiter der Bau des Museums voranschritt, desto mehr versperrte er mir die Aussicht.

Und als eines Tages Journalisten in mein Büro kamen und mir wieder die übliche Frage stellten, wie man sich als Franzose in Köln denn so fühle, antwortete ich, mit einem solchen Ausblick sei es einfach, sich hier wohl zu fühlen, doch werde meine Sicht immer mehr von diesem Museum eingeengt, das aussehe wie Güterwaggons beim Gruppensex.

Die Journalisten stürzten sich geradezu auf diese Äußerung, denn die Plazierung des Museums an dieser Stelle war damals zwischen den Kölnern und Ludwig sehr umstritten gewesen.

Als ich bald darauf Herrn Ludwig selbst kennenlernte, wollte ich ihn für meine respektlose Äußerung um Entschuldigung bitten. Doch Herr Ludwig meinte, sie hätte seinem Museum eine Publizität verschafft, wie er sie sich besser nicht hätte wünschen können.

Über Herrn Ludwig kam ich in Kontakt mit dem Aktions- und Objektkünstler HA Schult und seiner Muse Elke, mit denen ich auf Anregung meiner beiden engsten Mitarbeiter Rainer Nistl und Heinz Soiron eine große Aktion plante.

Das erste Treffen mit HA Schult in meinem Büro werde ich nie vergessen. Sein Outfit ist mittlerweile durch Fernsehauftritte bekannt. Aber bei mir löste sein Erscheinen damals einen ziemlichen Schock aus. Ich glaube nicht, daß er bei anderen Vorstandsvorsitzenden mit einem solchen Auftritt Erfolg gehabt hätte.

Während unseres Gesprächs lag er fast auf dem Boden zu meinen Füßen. Sein Vortrag allerdings war faszinierend, und seine Philosophie begeisterte ,mich. Er hatte die Idee, das Auto in einer großen Aktion mit dem Titel «Fetisch Auto» als Kunstobjekt darzustellen.

Es wurde die spektakulärste Produkteinführung, die je in Deutschland stattgefunden hatte. Die ganze Stadt Köln war in die Aktion, an der neben HA Schult noch andere Künstler teilnahmen, involviert. Auf dem Domplatz stand zehn Tage lang ein riesiger Eisblock. Das Eis schmolz langsam dahin, und am Tag der Einführung konnte man den neuen Fiesta im Eis erkennen.

Ein Fiesta im Herbst seines Lebens war von Studenten mit Tausenden von Herbstblättern bemalt worden. Ein anderer sah aus, als sei er aus Steinen der Römerzeit gebaut. Ein goldener Fiesta mit Flügeln zierte eine römische Säule. Es gab den schwimmenden Fiesta auf dem Rhein und den tanzenden Fiesta in einer Diskothek.

Jedes Auto war ein Kunstwerk, und einige davon sind noch heute im Museum zu bewundern.

Ich wollte später auch die Stadt Wolfsburg mit einer Aktion von HA Schult beleben, aber das wäre für beide Seiten ein solcher Kulturschock geworden, daß ich den Plan wieder aufgeben mußte. Ich erinnere mich noch, wie HA Schult in unserem Diensthaus in Wolfsburg auf dem Boden lag und meinte, das sei wie Hollywood am Mittellandkanal. Damit hatte er alles gesagt und wollte so schnell wie möglich wieder zurück nach Köln.

Der «Nestbeschmutzer»

Steigt man in der Hierarchie eines Unternehmens bis zum Vorsitzenden, dann befindet man sich meist auch auf der letzten Etage des Firmengebäudes. Und je weiter man aufsteigt, desto mehr verwandeln sich die Fenster in Spiegel. Auf der letzten Stufe der Hierarchie schließlich ist man nicht nur allein, sondern man hat auch keine Fenster mehr. Der Blick auf die Außenwelt ist verwehrt. Man sieht nur noch sich selbst. Auch die Mitarbeiter, mit denen man verkehrt, stellen ständig einen Spiegel auf: Gucken Sie mal, Chef, Sie sind der Beste. Selbst wenn man versucht, sie zu Widerspruch oder Dialog zu animieren, bekommt man selten eine Resonanz, die zu weiterem Nachdenken stimuliert.

Die Medizin beschreibt Autismus wie folgt: Psychische Störung, die sich in krankhafter Ichbezogenheit, affektiver Teilnahmslosigkeit, Verlust des Umweltkontaktes, Rückzug in die eigene Welt äußert und manchmal von Paranoia begleitet wird.

So oder zumindest in vielerlei Hinsicht ähnlich könnte man auch die psychische Verfassung eines Topmanagers beschreiben.

Als sich Ende 1995 in der Fernsehsendung «Talk im Turm»

der ausgeschiedene Vorstandsvorsitzende der Bremer Vulkan AG vor die Kamera stellte und schilderte, wie er das Unternehmen geführt hatte, das kurz darauf in Konkurs gehen mußte, geriet ihm dieser Auftritt zu einem «Talk im Elfenbeinturm». Deutlich führte der ehemalige Vorstandsvorsitzende dem Fernsehpublikum vor Augen, daß er mit der Außenwelt überhaupt nicht mehr zurechtkam und daß er nicht begriffen hatte, weshalb und wie es mit «Vulkan» so weit hatte kommen können. Die affektive Teilnahmslosigkeit des Mannes wurde in dieser Sendung offensichtlich.

Wenige Wochen später wurde er verhaftet. Die Juristen machen ihn haftbar für kriminelle Manipulationen in der Firma, von denen nichts gewußt zu haben er schwerlich wird behaupten können.

Ich möchte betonen, daß dieses Beispiel eher ein Extrem als repräsentativ für die Kaste der Spitzenmanager ist. Aber es zeigt, wie weit das Verhalten einzelner aus dieser Gruppe degenerieren kann. Daß es überhaupt zu solchen Deformationen kommt, ist weder zufällig noch der kriminellen Energie einzelner zuzurechnen, sondern vor allem auch ein Ergebnis der systemischen Strukturen der Manager-Welt. Das Leben des Managers ist total fremdbestimmt – es zwingt geradezu zur Aufgabe eines eigenen Ich.

Wer zu spät kommt, sagt Gorbatschow, den bestraft das Leben. Wenn das stimmt, dann müssen wir uns alle beeilen. Aber was wollen wir denn eigentlich mit solcher Geschwindigkeit erreichen? Und wohin wollen wir damit gelangen? Gut Ding will Weile haben, sagt der Volksmund, wir aber laufen auf höchsten Touren und Gefahr, vor lauter Beschleunigung das Tempo mit dem Ziel zu verwechseln.

Für den Manager trifft der Satz, Hauptsache man bewegt sich, in ganz besonderem Maße zu. Er ist der Eigendynamik dieser eiligen Welt völlig unterworfen. Entsprechend hat er einem durch und durch organisierten Tagesablauf zu gehorchen, rast förmlich von Termin zu Termin, von Sitzung zu Sitzung, wofür ihm alles – weil er selbst keine Zeit mehr dazu hat – minutiös vorgekocht und vorgekaut wird.

Es entspricht der menschlichen Psychologie, daß ein so fremdbestimmtes Wesen früher oder später die Realität nicht mehr als seine begreift, als eine Welt, die er gestalten und mit seiner Binnenwelt in eine ausbalancierte Beziehung bringen kann.

Was dann folgt, ist die erste Stufe dessen, was die Verhaltensforscher Dissoziation nennen. Der Manager zieht sich auf sein eigenes Ich zurück, plastischer ausgedrückt, er wird egozentrisch. Und da ihm keiner ernsthaft zu widersprechen wagt, kann sich seine Egozentrik ungehindert wie Mehltau auf die ganze Firma legen. Das ist in der modernen Gesellschaft ein schweres Handicap. Es lähmt, es macht unbeweglich, unkooperativ und ideenlos.

An Zeit mangelt es dem Manager nicht nur, um die Termine und Sitzungen vorzubereiten, er findet sie auch nicht, um sich von Zeit zu Zeit mit Muße und in aller Ruhe zurückzulehnen und sein Tun zu reflektieren; sich zu fragen, ob die geplanten nächsten Schritte überhaupt Sinn machen; sich Alternativen zu überlegen. Selten oder nie geschieht es, daß er einem Mitmenschen nur begegnet, um dabei auch in sich selbst hineinzuhorchen.

Um nicht irgendwann nur noch in dem eigenen narzißtischen Saft zu schmoren, ist es wichtig, die Auseinandersetzung mit anderen Gruppen der Gesellschaft zu suchen, und dabei fällt der Presse eine entscheidende Rolle zu. Für mich war sie eine der ganz wenigen Möglichkeiten, mich durch die Augen anderer zu sehen und meine Überlegungen auf den Prüfstand zu stellen.

Unterstützt wurde ich in meiner Pressearbeit von Volker Leichsering. Ich lernte sehr viel von ihm, und er führte mich mehr, als ihm wahrscheinlich bewußt war.

Daß er einmal dem *Spiegel* gegenüber erklärte, ich erinnere ihn an Obelix, kann ich ihm nur schwer verzeihen, aber von dieser Bemerkung abgesehen, war er der beste Pressechef, den ich je hatte.

Bei öffentlichen Auftritten hatte er ein wunderbares System eingeführt. Er und leider ich auch kannten meine Neigung, bei Interviews zu schwafeln. Jedesmal, wenn ich damit anfing, nahm er deshalb seine Brille ab, was für mich das imperative Signal war, entweder aufzuhören oder das Thema zu wechseln.

Die Behauptung, ich hätte selbst den Kontakt zur Presse gesucht, gehört ins Reich der Legenden. Nicht einmal bat ich um ein Interview oder benützte die Presse, um meine Publizität zu erhöhen.

Volker Leichsering erstellte auf meine Bitte einmal eine Analyse, wie oft ich in Zeitungen oder im Fernsehen vertreten war, und es stellte sich heraus, daß ich weit hinter vielen anderen lag.

Aber durch meine Sprache, meinen Akzent, meine roten Haare und vor allem meine branchenunüblichen Äußerungen und provokativen Thesen war der Eindruck, den ich hinterließ, dauerhafter.

Jahre danach wurde ich von einem Taxifahrer auf einen Fernsehauftritt angesprochen, den ich in der Sendereihe «Ich stelle mich» von Claus Hinrich Casdorff beim WDR absolviert hatte. Es war eine Live-Sendung, man wußte zuvor weder, wer die anderen Teilnehmer waren, noch welche Fragen einem gestellt werden würden.

Eine halbe Stunde vor Beginn hatte ich zum Make-up zu erscheinen, dann ging es los. Eine der Aufgaben, die ich zu erfüllen hatte, bestand darin, daß ich zu verschiedenen Automarken mein Urteil abgeben sollte. Ich erinnere mich meiner Rührung, als ich einen Citroën sah.

Dann wurde ein Auto ins Studio gefahren, und ich sollte einen Radwechsel vornehmen. Herr Casdorff wollte feststellen, ob ein Vorstandsvorsitzender so etwas wohl könne. Ich konnte es nicht, ja, ich wußte nicht einmal, wo das Werkzeug war.

Doch ohne mir meine Verlegenheit anmerken zu lassen, reagierte ich schnell und sagte:

«Ich denke, in einer echten Live-Sendung sollte man die Realität zeigen, wie sie ist. Und die ist so, daß ein Vorstandsvorsitzender seinen Wagen nicht selbst fährt, und wenn eine Panne passiert, dann kümmert sich der Fahrer darum. Also bitte ich Herrn Scholhölter, vor die Kamera zu kommen und das Rad zu wechseln.»

Darauf lachte das Publikum, und auch Herrn Casdorff gefiel es, wie ich mich aus der Affäre gezogen hatte.

Als letzte Aufgabe mußte man sich mit einem Widersacher auseinandersetzen. Ich traf auf Hans Pestalozzi, der das

Buch «Nach uns die Zukunft» geschrieben hatte und ein echter Aussteiger war.

Entweder war ich bei diesem Streitgespräch besonders gut in Form, oder Pestalozzi hatte einen schlechten Tag. Auf jeden Fall gelang es mir leicht, seine Argumente zu entkräften.

Pestalozzi fragte mich, warum ich trotz meiner Skepsis gegenüber der Entwicklung auf dem Automobilmarkt immer noch in der Industrie tätig sei und es nicht mache wie er und aussteige.

Ich erklärte ihm, daß man als Aussteiger ohne Entscheidungskompetenz und Macht kaum noch etwas bewirken könne. Um die Industrie auch nur einen Millimeter auf einen neuen Kurs zu bringen, müsse man schon «drinbleiben».

Im übrigen aber würde ich mir wünschen, ein Aussteiger zu sein wie er, der auf dreißig Hektaren guten Landes in Zürich wohne und wahrscheinlich über ein privates Vermögen verfüge, das ihm den Ausstieg erlaubt habe. Pestalozzi fühlte sich bei unserer Diskussion sichtlich unwohl. Dem Abendessen nach der Sendung blieb er fern.

Für mich aber verlief dieser Auftritt erfolgreich. Sogar die kritischen Kollegen im Vorstand gratulierten mir und meinten, es sei auch für die Firma eine gute Sendung gewesen.

Pestalozzis Standpunkt hatte mich nicht zu überzeugen vermocht. Aber ein anderer Umweltpapst, den ich bald darauf kennenlernte, hinterließ einen starken Eindruck bei mir.

Anläßlich des Frankfurter Automobilsalons 1986 fragte mich ein Redakteur des ZDF, ob ich bereit wäre, an einer kleinen Diskussionsrunde zum Thema «Automobil und Zukunft» teilzunehmen. Es handelte sich wieder um eine Live-Sendung, die direkt vom Automobilsalon ausgestrahlt wurde. Teilnehmer der Diskussion waren außer mir Verkehrsminister Werner Dollinger und Professor Frederic Vester.

Es war klar, wie die Front verlaufen würde. Der Verkehrsminister und ein Repräsentant der Automobilindustrie sollten sich gegen die Attacken eines Umweltschützers zur Wehr setzen. Im Laufe der Diskussion aber verspürte ich immer mehr die Bereitschaft, Vesters Darlegungen zuzustimmen und mich von den Äußerungen des Ministers zu distanzieren.

Nach der Sendung setzte ich mit Professor Vester das Gespräch fort. Er schlug vor, unter dem Gesichtspunkt des Umweltschutzes eine Studie über die Automobilindustrie zu erstellen. Diese Idee gefiel mir.

Umweltschützer und Industrievertreter befanden sich damals auf einem ziemlich harten Konfrontationskurs, und ich dachte, eine solche Studie, erstellt von einem seriösen Wissenschaftler, könne die Diskussion versachlichen und einen Dialog einleiten.

Als Auftraggeber der Studie stellte ich mir daher auch nicht nur eine einzelne Marke vor, sondern den Verband der Automobilindustrie. In einer Sitzung des Verbandes unterbreitete ich den Vorschlag, Professor Vester mit der Erarbeitung der Studie zu betrauen. Der Verband lehnte ab. Allein Professor Merkle von Bosch brachte mir Verständnis entgegen und erkannte, daß dies der Anfang eines fruchtbaren Dialogs zwischen Industrie und Umweltschutz hätte sein können.

Auch bei Ford waren die Meinungen geteilt. Man fürchtete, Professor Vester als Umweltpapst würde die Industrie einfach in den Schmutz ziehen. Ich setzte mich über diese Bedenken hinweg und beauftragte ihn mit der Erstellung der Studie.

Professor Vester arbeitete absolut seriös und professionell. Er war gleichermaßen daran interessiert, die Belange der Industrie kennenzulernen, wie er der Industrie Botschaften senden wollte. Über Monate hinweg organisierte er bei Ford Arbeitsgruppen und Seminare, um die Mitarbeiter gegenüber Natur und Umwelt zu sensibilisieren. Daraus entstand sein Buch «Ausfahrt Zukunft».

Der weitere Verlauf meines Berufslebens trennte uns dann wieder, was ich bedauere, denn die Gespräche mit ihm waren für mich immer anregend gewesen.

Meine Vorstellungen davon, was künftige Verkehrssysteme auszeichnen sollte, brachten mich immer häufiger in Konflikt mit meinen Kollegen aus der Automobilindustrie. Die Überschrift meines *Spiegel*-Interviews, ich könne mit einem Tempolimit leben, löste dann einen regelrechten Aufschrei in der Branche aus.

Die *Spiegel*-Redakteure hatten während des Interviews auch die damals kursierende Idee eines Tempolimits angesprochen. Ich wußte, daß ich als Exponent der Industrie diese Idee nicht unterstützen durfte, also wählte ich eine persönliche Formulierung, die lediglich meine eigene Meinung zum Ausdruck bringen sollte. Der *Spiegel* allerdings setzte meine Äußerung als Überschrift.

Dennoch handelte es sich nicht um eine unüberlegte Aussage von mir. Ich hatte dabei auch die Zukunft der deutschen Automobilindustrie im Auge. Diese behauptete nämlich, einer der Gründe, warum deutsche Automobile im Ausland so gut zu verkaufen seien, liege darin, daß es in Deutschland kein Tempolimit gebe. Dadurch müsse man nämlich in puncto Sicherheit höchste Qualitätsmaßstäbe anlegen.

Ich hielt nichts von der Logik dieser Argumentationskette. Denn was würde geschehen, wenn die EU-Kommission in Brüssel eines Tages beschlösse, auch in Deutschland wie überall in Europa ein Tempolimit einzuführen? Dann würde sich die obige Argumentation als gefährlicher Bumerang erweisen. Ich vertrat daher die Auffassung, daß Sicherheit im Auto schon bei dreißig Stundenkilometern vorhanden sein müsse. Aus den Crash-Tests wußten wir, welche wahnsinnigen Verletzungen bei dieser Geschwindigkeit bereits entstehen konnten. Sicherheit im Auto beginnt für mich beim Verlassen der Garage und nicht erst auf der Autobahn.

Nach dem *Spiegel*-Interview wurde ich zwar von den Umweltschützern ernster genommen. Insgesamt aber verhärteten sich die Fronten, und innerhalb des Automobilverbandes entwickelte sich geradezu eine Feindschaft gegen mich. Man beschimpfte mich als Nestbeschmutzer.

Erika Emmerich, die Präsidentin des Automobilverbandes, bemühte sich um Ausgleich. Anläßlich eines Abendessens machte sie mich bekannt mit Werner Niefer, dem Vorstandsvorsitzenden der Mercedes-Benz AG, der sich besonders bösartig über mich geäußert hatte.

Sie holte mich an seinen Tisch, und mit einer theatralischen Geste warf ich mich Herrn Niefer zu Füßen. Aber Niefer verstand keinen Spaß. Statt dessen beantwortete er meinen Wunsch, mit ihm zu diskutieren, mit einer wilden Drohung: «Herr Goeudevert, wenn Sie weiter so von Tempolimit und Umweltschutz reden, dann werden Sie mich kennenlernen, und Ihre Karriere wird schneller als Sie glauben beendet sein.»

Nach diesen Worten schien mir ein Gespräch überflüssig. Wortlos ging ich zurück zu meinem Platz. Wenn Niefer mir solche Drohungen ins Gesicht sagte, konnte ich mir unschwer ausmalen, wie er hinter meinem Rücken über mich redete.

Am meisten traf mich damals die Anschuldigung, ein Nestbeschmutzer zu sein. Es lag nicht in meiner Absicht, der Autoindustrie Schaden zuzufügen. Im Gegenteil, ich war überzeugt davon, daß sie Gefahr laufe, selbst ihre treueste Kundschaft zu verlieren, wenn sie für ein Überdenken ihrer jeweiligen Zielsetzungen und für eine ständige Weiterentwicklung sowohl ihres Produkts wie auch des Umfeldes, in dem dieses genutzt wird, nicht aufgeschlossen wäre. Alle meine Versuche zielten auf Wege und Möglichkeiten zu einem zukunfts- und überlebensfähigen Auto. Dabei allerdings kommt man kaum umhin, auf Unzulänglichkeiten und Schwierigkeiten hinzuweisen, die die Zukunft des Autos in Frage zu stellen drohten. Wären die Dinosaurier sich ihrer auf lange Sicht nicht überlebensfähigen Größe bewußt gewesen und hätten sie die Mittel gehabt, sich der Evolution ihres Lebensraumes anzupassen, sie hätten ihre unzulängliche Anpassungsfähigkeit nicht mit dem Aussterben bezahlen müssen. Und wir sind schließlich – im Gegensatz zu den Dinosauriern – vernunft- und reflexionsbegabte Wesen, so sollte man jedenfalls meinen.

Deshalb warnte ich vor der Fixierung auf high-tech-engineering, vor dem Zubau immer weiterer Autobahnen, vor der Faszination gegenüber dem Geschwindigkeitsrausch, auch vor den ökologischen Folgekosten des Autos. Mich interessierten die Alternativen mehr als die Einbahnstraße einer Entwicklungslogik, die glaubte, einfach immer so weiter machen zu können. Ich wollte die intelligente Fortentwicklung des Produkts und nicht einfach die Fortschreibung der Vergangenheit.

Bedachte man, daß jeder siebte Arbeitnehmer indirekt in der Automobilindustrie beschäftigt war, dann hatte man als Vertreter dieser Industrie die absolute Pflicht, sich Gedanken über die Zukunft zu machen. Es bedurfte unbedingt einiger Denkanstöße, um wieder neue Ufer zu erreichen und diesen Industriezweig langfristig so zu gestalten, daß er überlebensfähig war.

Meine Kritik und die Suche nach Alternativen war von der Hoffnung getragen, daß mein Engagement als leidenschaftliches Plädoyer *für* das Produkt, das ich vertrat, begriffen würde. Allein, ich hatte in sträflicher Naivität die enge Weltsicht dieser Branche unterschätzt und sah mich deshalb schnell als einsamen Rufer in der Wüste. Die meisten·ihrer Spitzenvertreter verstehen sich immer noch als Lobbyisten eines ungebrochenen Weiter-So und ziehen die harte Konfrontation dem intelligenten Dialog mit den Kritikern des Automobils vor. Ich halte die Vorstellung, die harte Hand des einzelnen könne mit Sanierung nach innen und konsequenterem Lobbyismus nach außen dem Auto langfristig eine Überlebenschance sichern oder auch nur den eigenen Konzern in eine lichte Zukunft führen, für naiv und kurzatmig. Damit werden nur unrealistische Erwartungen geweckt, die zwangsläufig enttäuscht werden müssen.

Nachdem ich nahezu zehn Jahre auf dem Stuhl bei Ford zugebracht hatte – eine ungewöhnlich lange Zeit, wenn man
die Amtsdauer meiner Vorgänger bedachte –, wollte ich die
Automobilindustrie verlassen. Meine Vorstellungen, Ziele,
Ideen hatten sich im Laufe der Jahre zu sehr vom allgemeinen Kurs der Automobilbranche entfernt. Ein Wechsel
konnte demnach für beide Seiten nur förderlich sein. Wir
kamen zu dem Entschluß, uns einvernehmlich zu trennen.

Nach außen hin spricht man stets von einer einvernehm-
lichen Trennung, auch wenn die Wahrheit hinter den Kulis-
sen anders aussieht. In diesem Fall aber herrschte tatsächlich
Einverständnis, und da die Trennung nicht überstürzt erfolgte, blieb genügend Zeit, in Ruhe und Fairneß über die
Bedingungen meines Weggangs zu diskutieren.

Das Ford-Management hatte kein Interesse daran, meinen
weiteren Werdegang zu blockieren, und auch ich ging ohne
Bitterkeit. Im Gegenteil, auch heute blicke ich gerne auf die
Jahre bei Ford zurück. Es war eine Aufgabe, die mich glücklich gemacht hatte, und die Entscheidung wegzugehen fiel
mir durchaus nicht leicht, auch wenn es sich letztlich um
einen notwendigen Schritt handelte.

Die Presse interpretierte mein Ausscheiden von Ford als
eine Art Midlife-crisis: neuer Job, neue Frau.

Aber das stimmte nicht. Meine Gedanken hatten mich aus
dem Amt getrieben, und was meine Trennung von Liliane
betraf, so war es einfach Zufall, daß sie ebenfalls in diese
Zeitspanne fiel. Man könnte es allenfalls Schicksal nennen.

Eines Abends sah die Mutter meiner Jugendliebe Gabi
mich im Fernsehen. Sie rief ihre Tochter an: «Unser Dani ist
im Fernsehen.»

Gabi schaltete ebenfalls auf das Programm und schrieb mir anschließend einen kurzen Brief. Als dieser bei mir im Büro eintraf, erkannte ich die Schrift sofort. Lange zögerte ich, den Umschlag zu öffnen.

Dann tat ich es doch.

Einen Absender oder eine Telefonnummer enthielt er nicht. Über das Telefonbuch gelang es mir, sie ausfindig zu machen.

Ich hatte sie in all den Jahren nicht gesehen, und die Freude, ihr wieder zu begegnen, verwandelte sich in echte Liebe. So war es nicht Streit, der mich von Liliane entfernte. Ich fühlte mich in der Ehe mit ihr nicht unglücklich. Und doch gab es da einen Unterschied zwischen der Liebe, die man sich über die Jahre erkämpft, und einer spontan geborenen Liebe, in der beide das Gefühl haben, dazu bestimmt zu sein, wenigstens eine Weile miteinander zu leben.

Die Entscheidung, vor der ich stand, war ohne Zweifel die schwerste meines Lebens. Es tat mir leid, Liliane unglücklich zu sehen. Auch empfand ich ein tiefes Verantwortungsgefühl gegenüber meiner Familie. Viele einander widerstreitende Gedanken gingen mir damals durch den Kopf. Immer wieder fühlte ich mich zwischen Pflicht und Neigung, Liebe und Verantwortung hin und her gerissen.

Es war traurig, daß es mir nicht möglich war, meine Liebe zu leben, ohne andere unglücklich zu machen. Dieser Gedanke quält mich noch heute.

Die Trennung verlief ohne Probleme. Liliane kehrte mit den Kindern nach Frankreich zurück.

Volkswagen
oder
Der Beginn
der neuen Zeit

Gefühl der Einsamkeit, seit meiner Kindheit. Trotz
der Familie – und vor allem inmitten der Gefährten
– immer das Gefühl eines in alle Ewigkeit
einsamen Schicksals.

Charles Baudelaire

Ehrgeiz und Eitelkeit

Nach meinem Abschied von Ford hatte ich nicht die Absicht, wieder in der Industrie tätig zu werden. Ich war damals 48 Jahre alt und wollte mich anderen Aktivitäten zuwenden.

Seit längerem spielte ich mit dem Gedanken, in Deutschland eine Business-School nach dem Vorbild der berühmten Schule von Fontainebleau zu gründen.

Zusammen mit einem ehemaligen Präsidenten von Fontainebleau, der versuchte, in Österreich eine Schule aufzubauen, entwarf ich ein erstes Konzept. Dann nahm ich Kontakt auf zu Johannes Rau, dem Ministerpräsidenten von Nordrhein-Westfalen, und dessen Wirtschaftsminister Reimut Jochimsen, um ihnen zu erläutern, was mir vorschwebte.

Johannes Rau, den langjährigen Ministerpräsidenten von Nordrhein-Westfalen, hatte ich bei einem der Treffen kennengelernt, zu dem er die Vertreter der Wirtschaft regelmäßig einlud, um sich ein Bild über die Zukunft des Landes zu machen. Er war sympathisch und unkompliziert in seinem Verhalten, was die Kommunikation mit ihm sehr erleichterte.

Als er sich in den späteren achtziger Jahren mit zahlreichen Wirtschaftsproblemen in seinem Land herumschlagen mußte, riet ich ihm, daß Nordrhein-Westfalen aufgrund seiner günstigen Lage an der Grenze zu Holland und Belgien sich doch als erstes Bundesland in seiner Politik nicht nur nach Deutschland ausrichten, sondern Europa gegenüber öffnen sollte. Mein Vorschlag stieß auf Unverständnis. «Man merkt, daß Herr Goeudevert kein Deutscher ist und die deutsche Geschichte nicht kennt», meinte Rau damals. In seinem Umfeld glaubte man weder an ein vereintes Europa noch an die deutsche Wiedervereinigung.

Mitten in diese Vorbereitungen hinein erhielt ich einen Anruf von Dr. Carl Hahn, dem Vorstandsvorsitzenden von VW. Ich kannte Carl Hahn von den Sitzungen des Automobilverbandes in Frankfurt, wo er vermutlich auf mich aufmerksam geworden war. Als einer der wenigen Kollegen hatte er sich damals von meinen Diskussionsbeiträgen nicht schockiert gezeigt.

Er bat mich um ein Gespräch, und wir verabredeten uns in einem Hotel in Hannover. Carl Hahn teilte mir mit, daß er die Absicht habe, die Position im Vorstand für Einkauf und Logistik neu zu besetzen, und fragte mich, ob ich daran interessiert sei.

Dieses Angebot schmeichelte mir natürlich. Es faszinierte mich und beunruhigte mich zugleich. Zum einen lag eine Position in der Automobilindustrie wirklich nicht mehr in meinem Bestreben. Ich war mir selbst gegenüber ehrlich genug, um zu wissen, daß mich diese Branche doch mehr geduldet als akzeptiert hatte. Auch fehlte es mir gerade in dem Bereich Einkauf und Logistik an Erfahrung. Zum anderen aber weckte dieses Angebot meinen Ehrgeiz und – ich verhehle es nicht – meine Eitelkeit. Wenn man als Franzose unerwartet in den Vorstand einer der bedeutendsten Unternehmensgruppen Deutschlands berufen wird, dann fühlt man sich einfach geschmeichelt.

Ich kann heute nicht mehr genau nachvollziehen, welche Motive im einzelnen mich damals bewegten, doch ich brachte es nicht über mich, dem Angebot zu widerstehen, und gab Carl Hahn meine Zusage.

Im weiteren Verlauf unseres Gesprächs stellte sich allerdings heraus, daß die Ideen von Carl Hahn nicht unbedingt mit den Vorstellungen seiner Kollegen im Vorstand übereinstimmten. Dazu war Carl Hahn ein zu ungewöhnlicher Mensch und ein zu fortschrittlicher Manager.

So galt es vor allem, Horst Münzner, der das Ressort Einkauf und Logistik bisher betreut hatte und zugleich Stellvertretender Vorstandsvorsitzender war, davon zu überzeugen, daß ich der richtige Nachfolger für ihn war.

Carl Hahn nahm dieses Problem mit der ihm eigenen Tatkraft in Angriff. Er brachte Horst Münzner eines Mittags einfach zu uns in die Wohnung. Münzner befand sich in einer schwierigen Situation, und ich spürte, daß er sich innerlich sträubte.

Also bemühte ich mich, ihn nicht vor den Kopf zu stoßen, sondern erklärte ihm fast anbiedernd, daß ich gerne von ihm lernen würde. Auch versicherte ich ihm, die Führung des Geschäftsbereichs in seinem Geist fortzusetzen.

Die Stimmung während des Gesprächs war gut, und ein Telegramm, das mir Carl Hahn noch am selben Abend übersandte, bestätigte mich in dieser Einschätzung: «Kompliment für das Gespräch heute mittag. Herr Münzner ist überzeugt. Wir müssen jetzt fortfahren.»

Das hieß, für mich einen Vertrag auszustellen und mich bei den Betriebsräten einzuführen, die im Volkswagenwerk eine besondere Rolle spielten. All das ging ohne besondere Schwierigkeiten über die Bühne, und so wurde ich zum 1. September 1989 in den Vorstand aufgenommen.

Nun aber galt es, mich vier Monate lang neben Herrn Münzner in das Ressort Einkauf und Logistik einzuarbeiten. Ich gab mir reichlich Mühe, so daß ich möglichst bald in der Lage wäre, die Mannschaft selbst zu steuern. Auch Münzner verhielt sich außerordentlich fair. Doch je näher das Datum seines Ausscheidens rückte, desto schwieriger gestaltete sich unsere Beziehung.

Horst Münzner war ein langjähriger Diener von Volkswagen. Er hatte 35 Jahre lang in dem Unternehmen gearbeitet und sich wohl gewünscht, eines Tages der erste Mann zu werden. Daß er nun seinen Abschied nehmen sollte, ohne dieses Ziel erreicht zu haben, bereitete ihm zusehends Probleme und belastete auch seine Haltung mir gegenüber.

Ich nahm seinen Unmut nicht persönlich. Er hätte wohl mit jedem Nachfolger seine Probleme gehabt, auch wenn es sich um jemanden aus seinen eigenen Reihen gehandelt hätte. Erstaunlich allerdings war, daß er sich über die Jahre hinweg nicht selbst einen Nachfolger aufgebaut hatte. Es ist sowieso sehr selten, daß Manager dies tun. Man ist in diesem Beruf zu sehr auf sich bezogen, um sich überhaupt mit der Zukunft anderer zu beschäftigen.

Hinzu kam, daß seine Mannschaft mir als zukünftigem

Chef natürlich mehr Aufmerksamkeit schenkte als ihm, dem scheidenden. In jeder Sitzung war das zu spüren. Es war ein von den Mitarbeitern menschlich nur allzu verständliches Verhalten, das ich schon oft in ähnlichen Situationen beobachtet hatte. Menschen, die kommen, sehen immer größer aus als Menschen, die gehen – eine optische Täuschung, die der Perspektive geschuldet ist.

Aber Münzner fühlte sich durch diesen Wechsel persönlich getroffen. Er gehörte zu jenen Managern, die an ihrer Position hingen und eine Beziehung zu ihrer Macht aufgebaut hatten. Daß er diese nun abgeben sollte, war für ihn eine psychische Belastung.

Nachdem wir Horst Münzner nun Ende des Jahres 1989 in einer feierlichen Stunde verabschiedet hatten, stand ich ab Januar dem Ressort Einkauf und Logistik allein vor. Und obwohl ich bei Münzner viel gelernt hatte, mußte ich doch feststellen, daß es keine leichte Aufgabe war, einen Bereich zu führen, in dem man sich nicht selbst hochgearbeitet hatte. Ich mußte nach Wegen suchen, diesen Mangel zu kompensieren.

So veranstaltete ich Skip-Level-Meetings, wie ich sie bereits bei Ford durchgeführt hatte, eine äußerst ungewöhnliche Maßnahme, denn die Hierarchien zu überspringen war bei Volkswagen noch viel schwieriger als bei Ford.

Durch die permanenten Kontakte zu fünfundzwanzig bis dreißig Mitarbeitern auf allen Ebenen konnte ich jedoch schnell ungeheuer viel an Erfahrungen dazugewinnen.

Ein zusätzliches Problem bestand darin, daß ich eine bereits vorhandene Mannschaft zu übernehmen hatte. Diese für neue Ziele zu begeistern und mit ihr zu neuen Ufern auf-

zubrechen war schwieriger, als eine neue Mannschaft aufzubauen. Vor allem aber kostete es Zeit, die heute kaum noch
irgendwo zur Verfügung steht.

Aber ich wollte mich nicht drängen lassen. Ich zog es vor,
erst einmal Vertrauen unter den Bereichsleitern zu schaffen
und ihnen Raum zu geben, ihre Kenntnisse einzubringen, die
sie unter der autoritären Führung von Münzner nicht hatten
umsetzen können.

Zu Hilfe kam mir dabei meine Managementerfahrung. Ich
hatte eine Bereichsgruppe von fünf Mitarbeitern, die sowohl
vom Wissen und Können als auch vom Engagement her sehr
gut besetzt war.

Dieses Team forderte ich auf, ein neues Konzept für den
Einkauf zu erarbeiten.

Es gibt für jedes Unternehmen nur eine gute Strategie, und
das ist die, die auf der eigenen Kultur, der eigenen Vergangenheit und Identität basiert. Dessen muß man sich bewußt
sein bei der Suche nach Lösungen, die mit dem eigenen System kompatibel sind. Das erfordert, sich mit Phantasie auf
die neu zu gestaltende Zukunft zuzubewegen und dabei die
Ressourcen der eigenen Kultur zu nutzen.

Kommt man wie ich aus einem Konkurrenzunternehmen,
dann kann man nicht einfach sein eigenes System mitbringen
und es den Mitarbeitern überstülpen. Jede neue Richtung
muß von den Mitarbeitern selbst gefunden und erarbeitet
werden.

Es war damals die Zeit, da auch im Einkauf neue Methoden zum Durchbruch kamen. Die Fertigungstiefe hatte entscheidend abgenommen, und immer mehr Bauteile wurden
von qualifizierten Zulieferern bezogen. Man hörte von einer

Neugestaltung der Beziehungen zwischen Zulieferindustrie und Herstellern, schaute den Japanern einiges ab und beobachtete die Experimente bei Opel und BMW.

Ich wußte, bei Volkswagen wurde bislang nicht nach den modernsten Methoden eingekauft. Und Carl Hahn drängte mich, neue Wege zu suchen.

Die Bereichsgruppe zeigte sich auf Anhieb daran interessiert, ihr Schicksal in die eigene Hand zu nehmen.

Wir bestimmten einen Projektleiter, und dieser zog in einem ersten Schritt Erkundigungen über die neuesten Einkaufsmethoden anderer, insbesondere japanischer Firmen ein. Anhand dieser Studie begann die Gruppe, sich eigenverantwortlich neu zu strukturieren.

Dieser Prozeß, der nicht von oben verordnet worden war, sondern tatsächlich von der Gruppe selbst initiiert und getragen wurde, machte in meinen Augen gute Fortschritte, bis mich mein Assistent eines Tages auf einen Bereichsleiter hinwies, der offenbar mit seinem Latein am Ende war. Er verlangte nach präzisen Vorgaben, wie er es bisher gewohnt gewesen war.

Ich habe seine Bemerkung noch heute im Ohr, weil sie mir zeigt, wie schwer es selbst auf hoher Ebene ist, Menschen Verantwortung tragen zu lassen, die über Jahre hinweg nur geführt wurden und Befehlen zu gehorchen hatten. In einem Meeting versuchte ich dann, das Problem zu diskutieren, und diese Aussprache gab der Mannschaft neue Impulse. Die Begeisterung erwachte wieder, und es wurde hervorragende Arbeit geleistet.

Das Engagement eines Bereichsleiters aber möchte ich besonders hervorheben. Werner Svetlick imponierte mir nicht nur wegen seines Wissens und Durchhaltevermögens, sondern auch aufgrund seiner Loyalität. Er verhielt sich zu mir so loyal wie zu meinem Vorgänger Horst Münzner. Unglücklicherweise wurde sein Verhalten oft mißverstanden und falsch beurteilt. Daß er die Firma verlassen mußte, betrachte ich noch heute als ungerechten Dank für seine Treue. Im Grunde seines Herzens gab es *eine* Treue, diejenige zur Firma.

Wir kamen mit dem Team gerade richtig in Schwung, als plötzlich von anderer Seite neue Hindernisse auftauchten. Der Betriebsrat wollte wissen, was ich im Einkaufsbereich plante und warum ich meine Vorstellungen noch nicht vorgetragen hätte.

«Ich will nur das, was für die Firma gut ist», erwiderte ich. «Und niemand weiß das besser als die Menschen, die seit Jahrzehnten in der Firma sind. Die Mannschaft bereitet etwas vor.»

Mit dieser Antwort gab sich der Betriebsrat aber nicht zufrieden. Er forderte mich auf, in einer seiner Sitzungen meine Pläne vorzutragen. Ich lehnte ab. Die Erfüllung dieses Ansinnens hätte meinen Führungsstil unglaubwürdig gemacht. Ich konnte nicht die Bereichsleiter zur Übernahme von Verantwortung bewegen, um dann doch wieder als alleiniger Befehlshaber aufzutreten. «Diejenigen, die die Arbeit machen, werden vortragen», sagte ich.

Das war ein Novum in der ganzen Geschichte von Volkswagen, denn der Betriebsrat nahm in diesem Unternehmen eine besondere Stellung ein, und jedes Vorstandsmitglied achtete darauf, ihn nicht zu verärgern. Aber ich setzte mich durch.

Die ganze Mannschaft erschien in der Sitzung, und jeder sprach ein paar erläuternde Sätze zu dem Bereich, den er übernommen hatte. Man spürte zwar bei den Mitgliedern des Betriebsrates ein gewisses Befremden. Vielleicht fielen hinter meinem Rücken Bemerkungen, ich würde keine Direktiven geben. Insgesamt aber verlief das Treffen sehr erfolgreich, und nach und nach wurde spürbar, daß im Bereich Einkauf ein neuer Wind wehte.

Natürlich mißbrauchten einige Bereichsleiter die von mir gewährten Freiräume dazu, sich eigene «Fürstentümer» aufzubauen. Aber ich bereue den Versuch nicht, der bemerkenswerterweise auch geschäftlich einige Erfolge brachte.

Sogar Carl Hahn, der mit Komplimenten im allgemeinen sehr sparsam umging, rief mich eines Tages zu sich und drückte mir seine Zufriedenheit aus.

Ich glaube, daß alle Beteiligten diese Zeit im Einkauf in guter Erinnerung haben. Ich hätte diese Arbeit gern fortgesetzt, aber Carl Hahn hatte schon wieder neue Pläne.

Gorbatschow in Wolfsburg

Bei Volkswagen erlebte ich den Fall der Mauer und die Wiedervereinigung Deutschlands. Wolfsburg liegt nur wenige Kilometer von der alten Grenze entfernt, und für mich als Franzosen war es ein einmaliges Erlebnis, die Freude der Menschen mitzuerleben, die nun nicht länger durch Stacheldraht voneinander getrennt waren.

Betrachtete man den politischen und wirtschaftlichen Umwälzungsprozeß, der plötzlich einsetzte, war es in der Tat unglaublich, mit welcher Konsequenz unsere östlichen Nachbarn in kürzester Zeit ein Imperium zum Einsturz gebracht hatten, das in seiner nahezu unerschütterlichen Unbeweglichkeit für die Ewigkeit angelegt gewesen zu sein schien.

Gleichzeitig gaben mir diese Ereignisse Anlaß, an das Schicksal jener Menschen zu denken, die in der Euphorie über das Ende des Kommunismus aus dem Blick zu geraten drohten.

Es war klar, daß Westeuropa künftig sehr massiv in den ehemaligen Ostblock investieren und Deutschland vorrangig den Aufbau in den neuen Bundesländern unterstützen würde.

Was aber sollte aus jenen Ländern in Afrika, Lateinamerika oder Asien werden, die nur mit westlicher Unterstützung eine Zukunft bauen konnten? Für Afrika hatten bereits die achtziger Jahre das Jahrzehnt des Vergessens markiert.

Aus Sorge um diese Entwicklung rief ich eine Initiative der internationalen Partnerschaft, IPI (International Partnership Initiative), ins Leben. Sie sollte Vertreter aus Wirtschaft, Politik und Geisteswissenschaften auf unsere Verpflichtungen gegenüber den Entwicklungsländern aufmerksam machen. Ihr Ziel war es, Unternehmen aus Ost und West sowie aus Nord und Süd zusammenzubringen. Die Vision, einen globalen Markt zu schaffen, sollte damit ein Stück Realität werden.

Ich stellte Carl Hahn diese Initiative vor, und er sagte spontan seine Unterstützung zu. Ich glaube, er war in Wolfsburg der einzige, der verstand, daß es hier wirklich um etwas Großartiges ging.

Ohne seine Hilfe wäre die Initiative wohl nicht möglich gewesen. Denn da die meisten meiner Kollegen sich höchst mißtrauisch zeigten und in dieser Initiative nichts anderes als einen Versuch sehen wollten, mich in der Öffentlichkeit zu profilieren, unternahmen sie alles, um die Idee zu torpedieren.

Ich organisierte regelmäßige Kongresse mit Spitzenvertretern aus Wirtschaft und Politik. Eine wichtige Persönlichkeit, die auf diesen Kongressen auftrat, war Altbundeskanzler Willy Brandt. Brandt war für mich wie für jeden Franzosen der große Deutsche der Nachkriegszeit. Sein Kniefall in Warschau vor dem Denkmal für die Opfer des Warschauer Ghettos hatte die Welt zu Tränen gerührt. Mit dieser Geste hatte er für den Versöhnungsprozeß mehr getan als alle Reden, die bis dahin gehalten worden waren.

Anläßlich meines Geburtstages schickte er mir ein Telegramm: «Bleiben Sie ein guter Freund der Deutschen und ein weltoffener Europäer, bleiben Sie ganz einfach so, wie Sie sind.»

Diese Worte erfüllten mich mit Glück und Stolz, war Brandt doch für mich in manchem ein großes Vorbild gewesen. Er zeigte kein Verständnis für diejenigen, die glaubten, immer in sicherem Besitz von Antworten zu sein. Er hielt nichts davon, komplizierte Zusammenhänge auf ein moralisches Entweder-Oder zu reduzieren.

In schwierigen Zeiten war sein sicherer Blick für Prioritäten ein Teil der Zukunftssicherung. Er hat – wohlwissend, daß ein Denkmal nicht selbst vom Sockel steigen kann – keinen der angebotenen Sockel bestiegen. Er hat Macht und Spiritualität verknüpft, so daß sein Einfluß wuchs, je mehr er auf Macht verzichtete. Willy Brandt hat bewiesen, daß die philosophische Armut des politischen Berufes weder zwingend noch politisch erwünscht ist und daß dieser Beruf nicht in jedem Falle Moralzehrer ist, sondern auch Moralspender sein kann.

Eine andere Persönlichkeit, die mit ihrem Auftritt der Idee des IPI internationalen Glanz verlieh, war Michail Gorbatschow. Die Begegnung mit ihm blieb mir in besonderer Erinnerung.

Er nahm meine Einladung an und sagte zu, bei der Betriebsversammlung in Wolfsburg eine Rede zu halten. Es herrschte an diesem Tag ein Andrang von Menschen, wie ich das noch nie erlebt hatte. Etwa 25 000 Mitarbeiter aus allen Werken waren nach Wolfsburg gekommen, um Gorbatschow zu sehen.

Gorbatschow brauchte fast eine Stunde, um die Halle zu durchqueren und das Podium zu erreichen. Alle wollten ihn umarmen und ihm ihre Dankbarkeit ausdrücken. Die Veranstaltung wurde ein Riesenerfolg.

Ich traf in der Folge öfter mit ihm und seiner Frau Raissa zusammen. Die beiden bilden ein unheimlich leistungsfähiges Team und ergänzen einander harmonisch, indem sie nicht Differenzen zu unterdrücken, sondern unterschiedliche Charaktereigenschaften zusammenzubringen suchen.

Nach dem Erscheinen seiner Erinnerungen bat mich mein Schwager um eine Widmung von Gorbatschow. Bei einem Aufenthalt in Moskau trug ich Gorbatschow meine Bitte vor und gab ihm das Buch.

Er besah sich die Illustrationen, die ihn als jungen Mann zeigten. Dann blätterte er das Buch durch, als suche er etwas.

«Was suchen Sie, Herr Präsident?» fragte ich.

«Ich suche das Bild von meiner Hochzeit mit Raissa», antwortete Gorbatschow.

Das Bild fehlte in der deutschen Ausgabe.

Da zog Gorbatschow aus seiner Schreibtischschublade die russische Ausgabe, um mir das Bild zu zeigen, und während er es betrachtete, röteten sich seine Augen.

Dieser Augenblick bewegte mich tief. Daß ihn nach so vielen Jahren ein Bild von der Hochzeit mit seiner Frau noch rühren konnte, offenbarte eine Menschlichkeit, von der ich wünschte, daß mehr Politiker sie besäßen.

Im Anschluß an den Kongreß veranstalteten wir eine Pressekonferenz. Unter den etwa hundert Journalisten befand sich auch einer, dessen spitze Feder mich schon öfter getroffen hatte. Er schätzte mich sehr, und durch Kritik verlieh er seiner Zuneigung Ausdruck.

Während Gorbatschows Ausführungen saß er in einer Ecke des Saales und schüttelte permanent den Kopf. Ich hoffte, Gorbatschow würde es nicht bemerken. Doch plötzlich hielt dieser in seiner Rede inne und wandte sich an den Journalisten: «Warum schütteln Sie den Kopf?»

«Was Sie erzählen, Herr Präsident, sind nur leere Phrasen. Das kann jeder. Was wollen Sie wirklich tun?»

Dieser kühne Vorstoß überraschte mich nicht. Der Mann sprach immer so, und Gorbatschow ging tatsächlich auf seine Kritik ein.

«Können meine Worte Sie nicht überzeugen?» fragte er.

«Absolut nicht.»

Darauf reagierte Gorbatschow auf die für ihn typische Weise:

«Meine Damen und Herren, ich werde jetzt zu diesem Mann sprechen, und solange er den Kopf schüttelt, bleibe ich hier und rede weiter.»

Riesenapplaus beendete den Disput.

Diese Kongresse fanden bis zu meinem Abschied regelmäßig statt, und soweit ich informiert bin, werden sie auch heute fortgesetzt, wenn auch in anderer Form.

Carl Hahn stand voll hinter dieser Initiative. Er hatte sich als oberster Herr des Hauses mit Recht stolz gefühlt, Gorbatschow zu empfangen, und ließ mir völlige Freiheit, diesen

politischen und wirtschaftlichen Umbruchprozeß mitzuge-
stalten.

Daß Michail Gorbatschow, nachdem er machtlos geworden war, bei vielen, die früher seine Nähe gesucht hatten, als
Persona non grata fallengelassen wurde, tut weh. Was auch
immer man gegen ihn einwenden kann, es bleibt sein großes
historisches Verdienst, daß er das kommunistische Herr-
schaftssystem so weit verändert und geöffnet hat, daß es
nicht mehr zu halten war – auch wenn dieses Endergebnis
nicht mehr seinen Intentionen entsprochen haben mag. Er
hielt den Kommunismus für reformierbar. Vielleicht resultiert daraus meine Sympathie für ihn: Er wollte sich nicht
mit dem vermeintlich Unveränderbaren abfinden.

Der Zukunftsbauer: Carl Hahn

Ewig in Erinnerung bleiben wird mir, mit welch aufrichtiger Begeisterung Carl Hahn selbst an dem Einigungsprozeß teilnahm. Er war in Chemnitz geboren worden, und sein Vater hatte 1931 zu den Mitbegründern der Auto-Union in Sachsen gehört. Als einer der ersten reiste er zu den Trabantwerken nach Zwickau sowie nach Prag und Bratislawa, woher seine Familie stammte. *Er* war derjenige, der die Firma dazu bewog, sich im Prozeß der deutschen Wiedervereinigung und der Öffnung Europas im Osten voll zu engagieren.

Die wichtigsten Betriebe des ehemaligen Kombinats Ifa Pkw AG in Chemnitz wurden übernommen und in die neue Tochter Volkswagen Sachsen GmbH in Mosel bei Zwickau eingebunden. Gleichzeitig wurde der Grundstein einer neuen Volkswagen-Produktionsstätte gelegt. Dies erwies sich als ein besonders wichtiger Schritt. Kaum waren die ersten Bauteile geliefert, hörte die Abwanderung aus dem Gebiet schlagartig auf. Die Menschen spürten, daß hier wieder Zukunftsperspektiven entstanden. Ähnliche Wirkung zeigte der Einstieg von Volkswagen in die tschechischen Skoda-Werke.

Carl Hahns Idee war es, aus dem Volkswagenwerk einen weltumspannenden Automobilkonzern zu schmieden.

Er rief ein Joint Venture mit der Volksrepublik China ins Leben und plante eine Produktionsniederlassung in Rußland. Er war im wahren Sinne des Wortes die kosmopolitisch orientierte Persönlichkeit, die dem Konzern eine internationale Dimension zu verleihen vermochte. Für mich war er vergleichbar mit Henry Ford II.

Diese entstehenden Riesenmärkte faszinierten mich enorm. Ich betrachtete sie weniger als Absatz-, sondern vielmehr als Partnermärkte der Zukunft. Ihre Öffnung veranlaßte mich, in neuen Zusammenhängen über die Vernetzung von Verkehrssystemen und das Auto nachzudenken.

Angesichts der Straßenverhältnisse in China oder Rußland war das westliche Auto absolut ungeeignet. Meiner Vorstellung nach brauchten wir für Rußland ein robustes, einfach herzustellendes Auto ohne anspruchsvolle Technik. Wollten wir in Rußland Autos nach westlichen Maßstäben bauen, mußten wir erst eine komplizierte Produktion aufbauen und Arbeitskräfte ausbilden. Das konnte Jahre dauern, Jahre wirtschaftlicher Stagnation und schwindender Hoffnung der Menschen.

Mobilität ist eine wesentliche Voraussetzung für den wirtschaftlichen Aufbau eines Landes, und solange keine ausreichende Infrastruktur im Schienenverkehr vorhanden ist, stellt das Auto das wichtigste Transportmittel dar.

Ich fand es sehr erfreulich, daß die Firma Volkswagen vor kurzem ankündigte, sie wolle ein spezielles Automobil für Indien entwickeln. Carl Hahn hat mit seinem internationalen Engagement hierfür entscheidende Vorarbeit geleistet und Weichen gestellt.

Getrieben von seinem Einsatz, versäumte er es jedoch, die

anderen Vorstandsmitglieder in seine Pläne einzubeziehen. Dies führte in den Reihen des Vorstands zu Ärger und Widerstand. Man reagierte widerwillig auf sein Engagement und suchte, ihn zu bremsen. Ich leider auch.

Carl Hahns Verhalten in dieser Zeit glich demjenigen von Helmut Kohl, der ebenfalls dafür kritisiert wurde, den Prozeß der Wiedervereinigung allein vorangetrieben zu haben. In beiden Fällen muß man einräumen, daß diese hektische Zeit keinen Raum ließ für lange Diskussionen und Absprachen. Hätte Helmut Kohl nicht die Gunst des Augenblicks genützt und im Alleingang gehandelt, wäre es möglicherweise nicht oder nur auf einem viel komplizierteren Weg zur Wiedervereinigung Deutschlands gekommen. Dasselbe gilt für Carl Hahn. Hätte er sich die Zeit genommen, seine Vorhaben im Vorstand zu diskutieren, wären andere Hersteller schneller gewesen und Volkswagen in Osteuropa zuvorgekommen.

Wollte er seine Vision eines Weltkonzerns verwirklichen, durfte er sich nicht von den Widerständen aufhalten lassen, die sich ihm entgegenstellten. Er mußte sie ignorieren und dabei in Kauf nehmen, daß eine so explosionsartige Expansion auch einige Schönheitsfehler aufwies. Diese kosteten ihn schließlich seinen Stuhl.

Aber Carl Hahn leistete Großartiges. Er setzte seine Vision um mit allen Risiken, die deren Verwirklichung mit sich brachte. Und er bezahlte dafür einen hohen Preis.

Blicke ich auf mein eigenes Schicksal bei Ford zurück, dann muß ich gestehen, daß es mir nicht gelungen ist, meine Visionen mit einer solchen Konsequenz zu verwirklichen. Ich war als Chef der deutschen Ford-Werke nicht der erste

Mann und besaß daher nicht die Durchsetzungskraft und Macht dazu.

Nachdem Hahn mit dem Einstieg bei Skoda vier Marken unter dem Dach des Konzerns vereinigt hatte, wollte er diesem Umstand auch in der Struktur des Vorstands Rechnung tragen.

Für jede der vier Marken sollte es einen eigenen Markenvorstand geben, dessen Vorsitzender im Konzernvorstand säße – eine einleuchtende Organisationsform für ein Unternehmen, das sich so sprunghaft entwickelt hatte. Bei der Umsetzung allerdings tauchten viele Probleme auf: Sollte der Einkauf weiterhin zentral geregelt werden? Würde jede Marke ihren Verkauf selbst organisieren?

Durch die neue Struktur gewannen plötzlich die Marken SEAT, Audi und Skoda an Unabhängigkeit und Einfluß. Sie wollten sich nicht länger von der Marke Volkswagen, Alleinherrscher aus Tradition, bevormunden lassen. Es entwickelten sich regelrechte kleine Fürstentümer, die untereinander Fehden ausfochten.

Besondere Probleme bereitete die Entflechtung der Marke Volkswagen, die umsatz- und volumenmäßig fast achtzig Prozent des Konzerns ausmachte.

Bisher hatte Carl Hahn als Chef des Volkswagenwerks auch SEAT, Audi und Skoda vorgestanden. Wenn er nun als Vorstandsvorsitzender des Gesamtkonzerns den Überblick über alle Marken behalten wollte, konnte er nicht Markenchef von Volkswagen bleiben, und er fragte mich, ob ich diese Position übernehmen wolle.

Das Angebot kam für mich sehr überraschend, denn im

Vorstand saßen andere Kollegen, die für diese Aufgabe genauso geeignet gewesen wären. Aber Carl Hahn hatte sich vorher alles genau überlegt und überrumpelte mich schlicht mit seinem Vorschlag. Der Überraschungseffekt war Teil seiner Strategie – so war es ihm schon immer gelungen, die Widerstände im Vorstand zu überwinden.

Ich erklärte mich einverstanden, den Vorsitz zu übernehmen. Die Marke Volkswagen wurde gegründet – ein schwieriger Prozeß, der von vielen Spannungen und Kleinkriegen begleitet war, in denen ich mich nur schwer zurechtfand.

Meine Berufung zum Vorstandsvorsitzenden der Marke Volkswagen wurde im Aufsichtsrat beschlossen, während ich wegen einer Operation an der Wirbelsäule im Krankenhaus lag.

Der Eingriff wurde von Professor Samii, weltweit einer der besten Neurochirurgen, in Hannover vorgenommen.

Professor Samii kam jeden Abend an mein Krankenbett, wo wir lange Gespräche über ganzheitlich-vernetztes Denken und Handeln führten. Er erklärte mir, daß die Verbindung von Neurochirurgie, Molekularbiologie, Mathematik, Philosophie und künstlicher Intelligenz zu einem wesentlichen Fortschritt in der Neurochirurgie führen könnte.

Da meine Rekonvaleszenz noch etwa fünf bis sechs Wochen dauern sollte, bot ich Professor Samii an, ein solches Projekt auf die Beine zu stellen.

Es gelang mir, einen Kreis von interessierten Wissenschaftlern und Managern aus dem Raum Niedersachsen zusammenzubringen. Professor Samii trug ihnen seine Vorstellungen vor, und es kam in Hannover zur Gründung eines Instituts für Neurobionik. Leider entfernte mich mein Abschied von

Volkswagen und von Niedersachsen dann von diesem Projekt. Aber das Institut hat heute seine Wege gefunden und läßt interessante Forschungsergebnisse erwarten.

Im Januar 1991 nahm ich meine Arbeit als Markenchef auf.

Die Führung von Volkswagen ist nicht zu vergleichen mit derjenigen eines Unternehmens in irgendeiner anderen Stadt. Neunzig Prozent der Wolfsburger sind direkt oder indirekt mit dem Volkswagenwerk verbunden. So haben sich in Wolfsburg regelrechte Viertel herausgebildet. Es gibt ein Vorstandsviertel, wo man nur unter sich kommuniziert, und es ist leicht herauszufinden, in welchen Stadtteilen die Abteilungs-, Hauptabteilungs- und Bereichsleiter wohnen.

Werk und Stadt sind geradezu osmotisch miteinander verbunden. Was immer im Werk geschieht, hat Rückwirkungen auf die ganze Stadt – in welchem Ausmaß, das wurde mir allerdings erst im Laufe der Zeit bewußt.

Da Volkswagen sich nun als eigene Marke profilieren sollte, regte ich an, daß alle Mitglieder des Volkswagenvorstandes Wagen des eigenen Hauses fahren sollten.

Bisher war es üblich gewesen, daß die Vertreter des Vorstandes einen Audi, und damit die teuerste Marke des Konzerns fahren durften. In den Augen der Vorstandsmitglieder und vor allem ihrer Bekannten und Verwandten bedeutete mein Vorschlag einen Imageverlust, der in der Öffentlichkeit von Wolfsburg einer Rechtfertigung bedurfte.

Meine Argumentation, eine solche Maßnahme würde die Identifikation mit der Marke stärken, stieß auf Unverständnis und Widerstand. Man maß dem damit verbundenen persönlichen Prestigeverlust mehr Gewicht zu.

Fehlgriffe dieser Art unterliefen mir leider häufiger, was mir nicht gerade die Freundschaft meiner Vorstandskollegen eintrug. Hinzu kam der ständige Vorwurf, ich würde mich zu sehr anderen Aktivitäten widmen, statt mich auf meine Arbeit im Vorstand zu konzentrieren.

Konrad Schily hatte mich in das Direktorium der von ihm gegründeten Privatuniversität Witten/Herdecke berufen.

Diese Universität war einer phantasiefördernden und praxisnahen Ausbildung verpflichtet und hatte ein einzigartiges Konzept, das Fachkenntnisse nicht vernachlässigte und dennoch das Studium Generale mit Vorlesungen über Philosophie und Geschichte ermöglichte.

Es war mir eine große Ehre, dem Direktorium beizutreten, dem neben Professoren auch Alfred Herrhausen von der Deutschen Bank, Berthold Beitz von Krupp und August Oetker angehörten. Vorsitzender des Direktoriums war der Verleger Reinhard Mohn. Meine Aufgabe bestand darin, die Mittelbeschaffung der Universität zu organisieren.

Bei Volkswagen betrachtete man solche Aktivitäten mit Argwohn. Ich besaß nicht die Nerven, diesem die Stirn zu bieten, und zog es vor, das Direktorium zu verlassen. Seltsamerweise konnte man aber mehrere Aufsichtsratmandate akzeptieren, ohne sich dem Vorwurf auszusetzen, der mir gemacht wurde. Mein Nachfolger wurde der Textilunternehmer Klaus Steilmann, der sich engagiert der Umweltproblematik annahm und dieses Engagement auch an seine Tochter Britta weitergegeben hat.

Trotz meines frühen Ausscheidens bewahre ich zwei schöne Erinnerungen an Witten/Herdecke: zum einen die bleibende Freundschaft mit Konrad Schily, auf die ich sehr stolz bin, und zum anderen den Bau eines neuen Campus für die Universität.

Es handelte sich dabei um eine beträchtliche Investition, und es gab viele schwierige Verhandlungen zwischen Direktorium, Architekten und Studentenvertretern. Konrad Schily betonte im nachhinein, daß der Entscheid, die neuen Gebäude schließlich zu bauen, durch meinen Einsatz zustande gekommen sei.

Bedeutsam für mich waren aber vor allem die Erfahrungen, die ich in der Führung einer Privatuniversität sammeln konnte. Ich hatte die Idee, eine Wirtschaftshochschule aufzubauen, inzwischen weiterverfolgt. Zusammen mit Professor Meyerdohm, dem Rektor a. D. der Universität Bochum, der mich auch beim Aufbau von IPI unterstützt hatte, führte ich Gespräche mit Professor Rewe von der Universität Braunschweig.

Die Konzepte befriedigten mich noch nicht ganz, aber es kam tatsächlich zur Gründung einer Schule mit dem Namen Isim (International School for Integrated Management), die noch heute in Braunschweig besteht.

Es war beileibe nicht so, daß ich mich in meinem Job langweilte.

Es mag vielleicht altmodisch klingen, aber ich empfand eine Verantwortung gegenüber dem Land, in dem ich arbeitete, und auch gegenüber der Stadt Wolfsburg und den Menschen, in deren Leben das Werk eine zentrale Stellung einnahm, fühlte ich mich verpflichtet, etwas zu tun.

Dies kam auch wieder dem Werk zugute, denn wenn die

Menschen sich in der Stadt wohl fühlten, schlug sich das auch in ihrer Motivation am Arbeitsplatz nieder. Es gehörte für mich zur Aufgabe der Unternehmensleitung, in diesem Mikrokosmos von Stadt und Werk für Harmonie zu sorgen.

Ich hatte mich immer darüber gewundert, daß das größte, vom Volkswagen-Konzern unterstützte sportliche Ereignis der Stadt ein Reitturnier war.

Getragen wurde dieses Engagement von einem Mitglied des Vorstandes, das selbst im Reitsport aktiv war. Ich aber fand, daß Reiten nicht unbedingt den sogenannten Breitensport repräsentierte. Denn zwei Sportarten erfreuten sich in der Wolfsburger Bevölkerung großer Beliebtheit: Eishockey und Fußball. Also begann ich, mich für Fußball zu engagieren, und erklärte der Presse, daß die Fußballmannschaft Wolfsburg nicht in der dritten Liga bleiben müsse.

Der Manager der Mannschaft meinte daraufhin trocken, allzuviel verstände ich offensichtlich nicht vom Fußball. Der inzwischen erfolgte Aufstieg der Mannschaft zu einer der besten der zweiten Bundesliga zeigt, daß es eben doch möglich ist, mit Zuspruch, Vertrauen und Engagement etwas zu bewirken. Doch auch diese Idee stieß wieder verschiedene Leute vor den Kopf und war nur gegen erhebliche Widerstände umzusetzen.

Vergeblich blieben auch meine Bemühungen, ein wenig internationales Flair in die Stadt zu tragen und ihr zu einem weltoffeneren Profil zu verhelfen. Carl Hahn ging es um Ähnliches, als er auf dem größten Platz der Stadt ein Museum errichten ließ. Meine Hoffnung, Paul Bocuse zur Eröffnung eines Restaurants zu überreden, ließ sich genausowenig realisieren wie meine Einladung an den Aktionskünstler HA

Schult. Keiner der beiden mochte sich für die Stadt erwärmen.

Das Problem, jede Idee erst einmal gegen Widerstände verteidigen zu müssen, stellte sich leider auch bei der Erarbeitung eines neuen Fahrzeugprogramms.

Um neuen Schwung in die angeschlagene Identität der Marke Volkswagen zu bringen, wollte ich den klassischen Käfer neu beleben. Ich spürte, daß dieses Modell in der Erinnerung der Menschen ein Mythos geblieben war.

Für die Mitarbeiter von Volkswagen verkörperte der Käfer die große Zeit von Heinrich Nordhoff, der nach dem Krieg den Wiederaufbau des Werks vorangetrieben hatte. Der Käfer war das Auto des Wirtschaftswunders gewesen. Und für die Volkswagen-Kunden verbanden sich mit ihm nostalgische Reminiszenzen an ihre Jugend.

Mir schwebte vor, den Käfer als Nostalgiemodell bis zum Jahr 2000 in limitierten Auflagen anzubieten und jeden Käufer die Ausstattung selbst bestimmen zu lassen. Im Jahr 2000 sollte Ferdinand Porsche in einer großen Feierstunde das Modell für immer verabschieden. Damit hätten wir den Bogen zurück zu den Anfängen geschlagen: Ferdinand Porsche hatte das Modell kreiert, und sein Nachkomme verabschiedete es. Für die Automobilindustrie wäre das ein einmaliges Ereignis gewesen.

Aber leider fand auch diese Idee keinen Anklang. In Mexiko wurde der Wagen zwar nach wie vor produziert, aber um dieses Modell in Deutschland auf den Markt zu bringen, hätten viel zu viele Änderungen daran vorgenommen werden müssen.

Auch die Idee, in dem Produkt selbst dem Umweltschutzgedanken stärker Rechnung zu tragen und ein Öko-Auto der Zukunft zu entwickeln, scheiterte schließlich an den Widerständen bei der Umsetzung.

Eines Tages erhielt ich einen Anruf von Dr. Kaden, damals Chefredakteur des *Spiegel*. Er hatte gerade ein Interview mit Nicolas Hayek geführt. Im Laufe des Interviews war man auch auf das Thema Auto zu sprechen gekommen, und Kaden hatte den Eindruck gewonnen, daß die Gedanken von Hayek weitgehend mit meinen übereinstimmten. Er bot sich an, uns miteinander bekannt zu machen.

Ich traf Herrn Hayek in seinem Büro in Zürich. In seinem Empfangszimmer hing eine große Tafel, und wir waren bei diesem Gespräch so aufgeregt, daß wir beide an diese Tafel wollten, um unsere Gedanken plastisch darzustellen. Gemeinsam kamen wir zu der Auffassung, daß für ein kleines Auto, elektrisch oder hybrid angetrieben, eine Marktnische vorhanden sein müsse.

Carl Hahn hieß die Idee gut, und wir gründeten eine Gesellschaft mit einer Beteiligung von fünfzig Prozent für Hayek und fünfzig Prozent für Volkswagen, um das Modell zu entwickeln.

Schon bald aber mußte ich feststellen, daß die neuen Ideen von Hayek bei den Ingenieuren von Volkswagen auf taube Ohren stießen. Permanent kam es zu Mißstimmigkeiten und Kritik.

Zwar gelang es Hayek und seinen Mitarbeitern, die Ingenieure, die wir in die Schweiz schickten, für ihre Ideen zu begeistern. Aber im Volkswagenwerk blieb die Stimmung gegen sie gerichtet. Selbst auf Kompromisse war man nicht bereit sich einzulassen.

Im Zuge einer drastischen Revision des Investitionsprogramms fiel das Swatchmodell dann als eines der ersten den Kürzungen zum Opfer.

Ich frage mich, ob das Modell, an das wir damals dachten, heute von Mercedes entwickelt wird. Mercedes hat freilich ein völlig anderes Interesse an einem Kleinauto als Volkswagen. Bei Volkswagen wäre es einfach ein neues Modell zusätzlich im Programm gewesen. Das erschwerte die Durchsetzung.

Auch privat hinterließ das Projekt bei mir einen bitteren Nachgeschmack. Über Monate hinweg hatte ich eine sehr gute und freundschaftliche Beziehung zu Nicolas Hayek entwickelt. Doch von dem Tag an, da ich ihm mitteilte, daß das Programm von unserer Seite eingestellt werden müsse, hörte ich kein Wort mehr von ihm. Diese Reaktion hat mich sehr getroffen.

Ich verstehe zwar, daß er enttäuscht war, als Volkswagen aus dem Projekt ausstieg. Aber ich hätte doch gedacht, daß dies unsere, von mir sehr aufrichtig empfundene Freundschaft nicht in Frage stellen würde.

Das war auch die Zeit, in der ich mich für die Entwicklung des Elektroautos einsetzte. Mir war immer klar gewesen, daß so ein Projekt nicht allein von einem Hersteller entwickelt werden konnte. Ein solches Programm erforderte eine völlig neue Gesamtkonzeption des Produktes unter dem Einbezug von Batterieherstellern. Jacques Delors in Brüssel hatte auf meine Anregung ein Treffen mit europäischen Herstellern organisiert, um eine solche Kooperation zu diskutieren. Dieses Treffen blieb erfolglos, da keiner wirklich mit dem anderen arbeiten wollte.

Heute sieht man, daß in anderen Branchen eine solche Zusammenarbeit denkbar ist, wenn man beispielsweise an das APS (Advance-Photo-System) denkt, zu dem sich die Firmen Kodak, Fuji, Nikon, Cannon und Minolta zusammengetan haben, um einen technisch besonders hochwertigen Fotoapparat zu entwickeln. Warum ist das in der europäischen Automobilindustrie nicht möglich? Auch in dieser Branche haben die Japaner kürzlich eine Zusammenarbeit der großen japanischen Automobilproduzenten angekündigt.

Der ständige Kampf um die Stellung der einzelnen Marken innerhalb des Konzerns verschärfte sich noch, als es darum ging, für Carl Hahn einen Nachfolger zu finden. Es bildeten sich regelrechte Familienclans, die gegeneinander zu Felde zogen.

Der Finanzvorstand, dem die Verantwortung für die einzelnen Marken entzogen worden war und dem dies offensichtlich zutiefst mißfiel, begann plötzlich, Kritik an den Geschäftsergebnissen zu üben. Auch der Produktentwickler wehrte sich dagegen, den Gesamtüberblick über alle Marken aufgeben zu müssen.

Die Spannungen, die aus diesen Kompetenzstreitigkeiten resultierten, waren am Ende überhaupt nicht mehr zu kontrollieren. Jeder betrachtete den anderen nur noch als Feind.

Selbst meine Beziehung zu Carl Hahn, die immer sehr gut gewesen war, verschlechterte sich. Die Intrigen gingen so weit, daß man mir später sogar vorwarf, ich hätte gegen ihn intrigiert. Das war natürlich eine absurde Anschuldigung, denn ich respektierte Carl Hahn als den großartigen Manager, der aus Volkswagen einen Weltkonzern geschmiedet und die Geschichte dieser Marke am meisten geprägt hatte.

Aber im Alltag des Geschäftslebens ist eine solche Würdigung fehl am Platz. Und manche von Carl Hahns Entscheidungen konnte man wohl ohnehin erst im Rückblick in ihrer vollen Bedeutung verstehen.

Es ist kein Geheimnis, daß Carl Hahn seinen Stuhl als Vorsitzender des Konzernvorstands nicht nur höchst ungern räumte.

Die Wahl seines Nachfolgers verlief aber demokratisch, soviel ich weiß. Ob und mit welchem Ziel im Hintergrund Fäden gezogen wurden, entzieht sich meiner Kenntnis. Doch gewiß hatten alle Mitverantwortlichen die Möglichkeit, ihre Meinung offen zum Ausdruck zu bringen. Und es lag, so scheint mir, in der Logik des Systems, daß Ferdinand Piëch, bisher Chef der Marke Audi, die Nachfolge von Carl Hahn antrat.

Aber weder außerhalb noch innerhalb des Konzerns wurde verstanden, wie glücklich ich mich schätzte, als Stellvertreter an der Seite des neuen Mannes weiterwirken zu dürfen.

Ich hatte für diese Position keine Ambitionen gehegt, geschweige denn Ansprüche geltend gemacht. Ich fand mich einfach darin wieder. Und Hintergedanken waren mir fremd in meiner Absicht, mit Ferdinand Piëch zusammenzuarbeiten. Ich war mir bewußt, daß eine neue Zeit mit neuen Methoden anbrechen würde. Ich unternahm alles, um mit diesen Schritt zu halten. Denn ich hielt meine Anpassungsfähigkeit für ausreichend, um in meinem Arbeitsbereich weiterhin eine Zukunft zu haben.

Kritik übte ich wie früher. Eine höhere Position in der Firmenhierarchie verpflichtet auch zum Erhalt der Meinungsfreiheit. Die Risikobereitschaft scheint allerdings um so kleiner zu sein, je größer die materiellen Vorteile sind, die dabei auf dem Spiel stehen. Ich hatte mir immer das Recht auf Kritik herausgenommen, ja ich hielt es für meine Pflicht, Kritik zu üben. Aber ich überschritt nie jene Grenze, die meine Loyalität hätte in Zweifel geraten lassen. Daß die Zusammenarbeit dann doch ein Ende nahm, finde ich heute noch traurig.

Vor allem an einige meiner Mitarbeiter denke ich immer wieder gerne zurück. Da war Bruno Adelt, damals Finanzvorstand der Marke Volkswagen, heute des Volkswagen-Konzerns. Er war nicht nur ein kompetenter Fachmann, sondern auch ein Kollege, mit dem ich sehr gern zusammengearbeitet habe. Adelt war immer bereit, mir beizustehen, ohne sich anderen gegenüber unehrlich oder untreu zu verhalten. Der Spruch, wenn man zwei Chefs hat, muß man immer einen belügen, fand bei ihm keine Anwendung. Er brachte es fertig, sich allen gegenüber loyal zu verhalten. Das war angesichts der Struktur von Volkswagen, wo jeder gleich mehrere Chefs über sich hatte, nicht einfach.

Überaus gerne erinnere ich mich an Alexander Kowling, den Personalvorstand von Volkswagen. Er war ein treuer Mitarbeiter, dem man auch in den schwierigsten Situationen in die Augen schauen konnte, ohne darin etwas anderes zu sehen als Engagement und Fairneß.

Als mein Abschied von Volkswagen beschlossene Sache war, wollte ein Journalist wissen, was ich in Zukunft am meisten vermissen würde.

Ich brauchte keine Sekunde nachzudenken:

«Mein Sekretariat.»

Denn mit Ingrid Kulinna hatte ich bei Volkswagen eine Sekretärin, die nichts anderes kannte als ihre Arbeit, ja selbst ihr Privatleben hintanstellte. Ihre Aufrichtigkeit und ihr Engagement waren für mich bei Volkswagen, wo meine Karriere so schnell und für viele überraschend verlief, eine entscheidende Stütze. Der von außen Kommende kann ein großes und komplexes Unternehmen nicht auf Anhieb verstehen. Es gibt viele Details, die man nur aus langer Betriebserfahrung wissen kann, und hierin ging Frau Kulinna mir immer zur Hand.

Ähnlich warme Erinnerungen bewahre ich auch an meinen Fahrer Harry Kohl, mit dem mich eine freundschaftliche Beziehung verband. Er wußte nicht nur den Wagen hervorragend zu steuern, sondern auch private und persönliche Angelegenheiten, die ihm zwangsläufig zu Ohren kamen, diskret zu behandeln.

Mein Weggang wurde einvernehmlich und ohne großen Eklat geregelt. Ohne Zweifel hätten sich mein Charakter und derjenige von Ferdinand Piëch ergänzen können. Doch dazu wären Wille und positive Einstellung beiderseits die Voraussetzung gewesen.

So wie die Dinge aber lagen, war es offenkundig, daß eine weitere Zusammenarbeit keinen Sinn machte. Das Schicksal des Unternehmens ging vor. Angesichts der Konkurrenz war es wichtiger, dem Konzern weltweit einen Platz zu sichern. Das verlangte eine neue Linie, die nicht nach einem Platz für Menschen fragte.

Schmerzhaft an meinem Weggang bleibt für mich das Zerwürfnis mit Carl Hahn.

Als ich im Juli 1993 von Wolfsburg wegging, bekam ich zwei Anrufe. W. P. Schmidt, ein Mitglied des Vorstands, rief mich an und sagte, er möchte sich zumindest telefonisch von mir verabschieden und mir für meine Zukunft alles Gute wünschen.

Solche Worte tun einem wohl, egal unter welchen Bedingungen man geht.

Der zweite Anruf kam von Carl Hahn:

«Herr Goeudevert, bevor Sie Ihre Zelte abbrechen, sollten wir uns noch einmal sehen.»

Diesem Vorschlag nachzukommen, fehlte mir der Mut. Und das bereue ich noch heute.

Der neue Anfang
oder
Die Sehnsucht
nach dem großen,
weiten Meer

Was einfach ist, ist falsch, und was kompliziert ist,
kann nicht umgesetzt werden.

Paul Valéry

Der gebildete Manager

Diesmal sollte mein Entschluß endgültig sein: Ich wollte mein zukünftiges Aufgabenfeld nicht im Bereich der Wirtschaft suchen.

Doch ehe ich dazu kam, mich neu zu orientieren, erhielt ich einen Anruf von Michail Gorbatschow. Er hatte nach der Konferenz für Umwelt und Entwicklung der Vereinten Nationen in Rio de Janeiro eine Umweltschutzbewegung mit dem Namen Green Cross International ins Leben gerufen.

Für ihn standen dabei vor allem Ziele im Bereich der Rüstung, wie etwa der Abbau von biologischen und chemischen Waffen im Vordergrund, aber auch die Vision von Europa als einem Verbund ökologischer Industriestaaten.

Gorbatschow fragte, ob ich bereit wäre, den Aufbau der Organisation zu übernehmen. Ich sagte sofort zu, denn für mich bedeutet es eine große Ehre, an der Seite dieses außergewöhnlichen Mannes ein Stück meines Weges zu gehen.

Durch meine Mitgliedschaft beim Club of Rome war meine Wahrnehmung der Umweltproblematik ohnehin entschieden sensibilisiert worden. In meinen Augen hatte der

Umweltschutz zwar beachtliche Fortschritte gemacht, doch es wurde trotz vorhandener Kenntnisse über praktizierte Umweltzerstörung immer noch viel zuwenig getan.

Green Cross hat seinen Sitz in Genf und eine Niederlassung in Moskau. Seit seiner Gründung im Frühjahr 1993 sind bislang 16 Nationale Organisationen in Afrika, Asien, Europa, Nord- und Südamerika entstanden. In drei weiteren Ländern, darunter Deutschland, steht die Öffnung eines Büros bevor. Kontakte mit potentiellen Partnern bestehen in rund sechzig weiteren Ländern.

1993 gab es bei Green Cross in der Tat eine Menge zu tun. Die Organisation verfügte zwar über viele Menschen mit den besten Absichten, die Welt zu verändern. Doch fehlte es an effizienter und klarer Aufgabenverteilung.

Ich brauchte ein Jahr, um mit Unterstützung von Andreas Eggenberg, einem Schweizer Kollegen, die Organisation neu zu strukturieren.

Green Cross ist immer noch ein fragiles Unternehmen. Doch es besitzt gute Programme und kann sich auf zuverlässige Partner wie die UNESCO stützen.

Wir arbeiten eine UNO-Charta aus, die Rechte für die Natur in Beziehung zum Menschen festschreiben soll.

Ferner befassen wir uns mit der Erstellung einer Datenbank, über die jeder Interessierte sich per Knopfdruck weltweit informieren kann, wer an welchem Umweltproblem arbeitet.

Die Firma Apple ist daran interessiert, uns zusammen mit UNO und UNESCO beim Aufbau eines solchen Datennetzes zu unterstützen.

Der zweite entscheidende Anruf kam von Herrn Günzel, dem Geschäftsführer der Industrie- und Handelskammer in Dortmund. Ich hätte in der Öffentlichkeit so oft von der Idee eines neuen Universitätscampus gesprochen, daß er mich fragen wolle, ob ich diese Idee nicht in Dortmund verwirklichen wolle. Es gebe da in Stadtkrone Ost ein Gelände, das zwar zur Zeit von der britischen Armee besetzt sei, aber bald zu anderweitiger Nutzung zur Verfügung stehen würde.

Ich fuhr nach Dortmund, und zusammen mit Vertretern der Stadtverwaltung und der Industrie- und Handelskammer unterzogen wir das Gelände einer ausgiebigen Besichtigung. Dabei stellte sich heraus, daß bereits eine komplette Infrastruktur vorhanden war mit Gebäuden und Sportplätzen – wie ich es mir für einen Universitätscampus vorstellte. Ich war von allem, was ich sah, sehr angetan.

Daß sich meine langgehegte Idee ausgerechnet in Dortmund realisieren sollte, jener Stadt, in der meine erste Begegnung mit Deutschland stattgefunden hatte, bereitete mir besondere Freude.

Es war in der Folge bemerkenswert, wie die Stadt, Oberbürgermeister Samtlebe und die Verwaltung ebenso wie die politischen Parteien und Zeitungen das Projekt unterstützten, wohl wissend, daß es nach wie vor scheitern kann.

Meine Idee ist es, einen Campus europäischer Prägung zu gründen, wo die Systeme der französischen Wirtschaftshochschule, der englischen Business-School und der deutschen dualen Ausbildung miteinander verknüpft werden.

Drei Elemente sollen auf diesem Campus zusammenkommen. Da soll es zunächst einmal eine Universität für Studenten geben mit einer traditionellen wirtschaftswissenschaftlichen Fakultät. Daneben wird eine Business-School existieren, an der Praktiker von Praktikern lernen und erfolgreiche Manager ihre Erfahrungen an jüngere Manager oder Studenten mit Berufserfahrung weitergeben. Als drittes Element stelle ich mir einen Seminarbetrieb für Mittelständler vor mit Angeboten zur qualifizierten Weiterbildung in Managementfragen.

In der räumlichen Nähe der drei Einheiten und der Möglichkeit des gegenseitigen Austauschs sehe ich eine ganz große Chance.

Auch das Lehrpersonal wird zwischen den drei Bereichen wechseln: Die Professoren werden akzeptieren müssen, sich in Sequenzen von drei bis vier Jahren von ihrem Lehrstuhl zu trennen, um mindestens ein Jahr lang in einem Unternehmen operativ tätig zu sein. Andernfalls besteht die Gefahr, daß man zwar die Studenten immer näher an die Realität des wirtschaftlichen Handelns heranführt, die Professoren aber stehenbleiben.

Mir schwebt vor, daß die Ausbildungseinrichtungen als Herz des Campus von einem Industriepark mit Firmen und Forschungslabors umgeben sind, wobei der Ausbildungsapparat alle Ebenen der Ausbildungssysteme berücksichtigt und sie in Zusammenarbeit mit den Firmen praxisbezogen integriert. Auch Wohnungen sollen auf dem Gelände errichtet werden, und zwar so, daß Raumorganisation und Anschlüsse die heute immer wieder propagierte dezentrale Arbeit am Computer gestatten.

Für die Studenten wünsche ich mir eine humanistische Grundausbildung. Geschichte, Philosophie, Literatur und Fremdsprachen werden zum Pflichtprogramm gehören.

Ziel soll der *gebildete Manager* sein, wobei ich Bildung nicht nur als Ausbildung begreife, sondern als die Fähigkeit, das breite Spektrum der Lebenswelt in ihrer ganzen Komplexität wahrzunehmen. So verstandene Bildung impliziert Gefühl, Empathie, Wahrnehmungen externer Größen und Toleranz.

Unser Campus soll ein Ort sein, wo Menschen die Welt aus verschiedenen Perspektiven zu begreifen lernen und auf diese Weise die eigene Persönlichkeit finden.

Der Unterricht wird auf deutsch, englisch, französisch und russisch abgehalten werden. In der Kenntnis der Sprachen sehe ich nicht nur eine Voraussetzung zum Dialog, sondern auch den ersten Schritt zum Weltbürger. Der Austausch von Studenten und Professoren mit ausländischen Partner-Universitäten gehört deshalb ebenfalls zu meinen Plänen.

Ganz wichtig aber ist mir, daß dieser Campus ein Spiegelbild der Gesellschaft wird. Darum sollen nicht nur erfolgreiche Manager, sondern auch weniger erfolgreiche oder sogar gescheiterte Manager referieren und schildern, wie sie mit ihrem Mißerfolg fertig geworden sind.

Je steiler die Karriere, desto größer die Gefahr, besonders tief zu fallen. Eine realitätsnahe Ausbildung bedeutet deshalb, daß man sich auch auf Mißerfolge vorbereitet.

Hierzu gehört auch das Angebot an Umbildung. Das alte Schema, bis zum Alter von 25 Jahren zu lernen und dann in einen Beruf einzusteigen, in dem man den Rest seines Lebens verbringt, besitzt heutzutage keine Gültigkeit mehr.

Man muß nicht nur sein ganzes Leben lang lernen, sondern sich auch darauf einstellen, daß man im Laufe des Lebens mehrere Berufe ausübt.

Es geht mir darum, Strukturen zu gestalten, wo Brücken zur Überwindung dieser Berufsunterbrechungen gebaut werden können. Auf der Basis solcher Strukturen würde sich nicht nur die Definition von Arbeitslosigkeit ändern, sondern es könnte auch das Arbeitslosengeld zur Finanzierung kurzfristiger Umbildungsmaßnahmen viel effektiver eingesetzt werden.

Das Zusammenleben mehrerer Generationen auf diesem Campus wird die Chance bieten, bereits Studenten damit vertraut zu machen, daß man selbst mit 45 Jahren seine Karriere unterbrechen und den Weg zurück zum Lernen finden muß.

Die Flexibilität, die ein solches Umlernen erfordert, kann unter Umständen bereits während des Studiums gefragt sein. Stellt sich heraus, daß ein bestimmter Beruf nicht mehr gefragt ist, muß es die Möglichkeit geben, die Studenten sofort umzubilden. Es erscheint mir wahnwitzig, daß wir Menschen stur über Jahre hinweg ausbilden, wissend, daß ihnen am Ende nur der Gang zum Arbeitsamt bleibt, weil sie in ihrer Branche keinen Job finden.

Ich wünsche mir daher eine enge Kooperation mit den europäischen Arbeitsämtern. Es muß auf diesem Campus möglich sein, sich ein aktuelles Bild des jeweiligen Arbeitsmarktes in den einzelnen europäischen Ländern zu verschaffen.

Ein besonderes Anliegen ist mir schließlich, Menschen vor dem Ausscheiden aus ihrem Erwerbsleben auf das Leben danach vorzubereiten.

Unser Campus soll den Firmen für ihre kurz vor der Pensionierung stehenden Mitarbeiter Möglichkeiten zur Weiterbildung anbieten, damit diese sich rechtzeitig auf den Beginn eines neuen Lebensabschnitts einstellen und für sich ein neues Aufgabenfeld finden.

Die mit der Pensionierung verbundenen Probleme werden in unserer Gesellschaft viel zu wenig wahrgenommen. Die meisten Menschen verlassen das Berufsleben, ohne zu wissen, was sie mit ihrem weiteren Leben anfangen werden. Für mich sind diese Menschen ein Beispiel des Elends im Wohlstand – ein Abbild des amoralischen unternehmerischen Verhaltens.

Wenn Unternehmen nicht dazu in der Lage sind, dem Menschen als Ganzem ein Stück Glück zu vermitteln, worin soll dann der Sinn allen Wirtschaftens bestehen?

Im karitativen oder eher gemeinnützigen Bereich zum Beispiel gibt es so viel zu tun, und die Erwartungen sind so hoch. Leider engagieren sich hier zu wenige Menschen, weil diese Aktivitäten nicht das Prädikat eines «echten» Berufes haben. Man fühlt sich da nur beschäftigt. Und diese Beschäftigung fördert nicht immer das Selbstwertgefühl, das man bei einem Beruf sonst hat. Also möchte ich, daß auf diesem Campus auch Organisationen wie Ärzte ohne Grenzen, Caritas, unicef etc. vertreten sind, um Menschen, die sich engagieren wollen, professionell auszubilden.

Management und Intuition

Einen Stempel, der mir wieder und wieder aufgedrückt worden ist, kann ich nicht außer acht lassen: derjenige des Querdenkers, ein Begriff, der in vielen gesellschaftlichen Bereichen längst als positiv verstanden wird – Manager aber hören ihn nach wie vor ungern. Für sie ist das fast schon ein Querulant, der ihre Kreise stört.

Was aber ist ein Querdenker?

Selbst mir als Franzosen fällt es schwer, das Wort ins Französische zu übersetzen. Am besten gefällt mir die freie Übersetzung l'empêcheur de tourner en rond. Zurück übersetzt bedeutet das derjenige, der verhindert, daß man sich im Kreis dreht. Und in der Tat wird ein Querdenker sehr schnell ungeduldig bei Routinetätigkeiten, Wiederholungen und in Detailfragen.

Ein Querdenker ist nicht gegen das System, er sucht nur nach anderen Wegen, um Probleme zu lösen, die aufgrund ihrer Komplexität schwer definierbar geworden sind. Mit anderen Worten, er sucht manchmal nach einem ihm selbst nur unpräzise vorschwebenden Ziel. Deswegen ist er auch bereit, unbekannte Wege zu betreten.

Sein Kopf funktioniert wie ein Trichter oder besser: sein

ganzes Wesen. Denn er steht mit allen seinen fünf Sinnen im Einsatz, ja ich würde sogar sagen sechs, und den sechsten Sinn die Intuition nennen. Anders ausgedrückt arbeitet ein Querdenker wie ein Photoapparat mit Weitwinkelobjektiv, das heißt, er erfaßt das Bild etwas unscharf, packt aber viele Elemente hinein.

Ganz anders handelt der sogenannte Macher (auf Englisch: der doer), der mit der Pipette arbeitet: Man weiß genau und wie viel der oben hinein gießt, und ebenso berechenbar ist, was unten herauskommt und mit welcher Geschwindigkeit.

In solchen Kategorien läßt sich ein Querdenker schwerlich messen. Sein Maß sind Inspiration und Phantasie. Und die sind bekanntlich nicht quantifizierbar und folglich nicht so einfach einer Erfolgskontrolle zu unterziehen.

Und doch haben sie, folgt man Albert Einstein, selbst in den nüchternen Naturwissenschaften ihre Berechtigung: «Ich glaube an Intuition und Inspiration, und das ist wichtiger als Wissen. Denn Wissen ist begrenzt, während Phantasie die ganze Welt umfaßt, den Fortschritt anregt und Bewertungen auslöst. Streng betrachtet ist es ein realer Faktor in der wissenschaftlichen Forschung.»

Daß die Kraft der Phantasie durch keine noch so ausgeklügelte technische Rationalität zu übertreffen ist, hat der russische Schachweltmeister Kasparov bewiesen, als er gegen den modernsten Computer spielte und – gewann. Nehmen wir an, der Computer hätte bei diesem Spiel die Schachzüge von Kasparov registriert und Kasparov spiele von neuem gegen den Computer. In dieser Runde würde er dann gleichsam gegen sich selbst spielen. Gewänne er immer noch?

Ich würde Wetten auf Kasparov abschließen und will mir den Glauben auch nicht nehmen lassen, daß – was immer die Computerfirmen an noch modernerer, noch ausgeklügelterer Technologie auf den Markt bringen werden – der phantasievolle Mensch die modernste Maschine immer wird schlagen können.

Wenn Phantasie also ein entscheidender Faktor in der Wissenschaft ist, dann ist sie es auch im Management.

Der Querdenker arbeitet nicht unbedingt regelmäßig, sondern vielmehr emotional und in Energieschüben. Einer meiner Assistenten nannte das einmal Flatterhaftigkeit, eine weniger schmeichelhafte Bezeichnung, die aber zumindest das äußere Bild, das ein Querdenker bietet, trifft.

Er produziert dauernd Gedanken, die noch nicht sortiert sind. Er braucht daher jemanden, der sich des Sortierens seiner Gedanken annimmt, diese gegebenenfalls in eine andere Ordnung bringt und sie im Hinblick auf ihre Umsetzbarkeit durchleuchtet.

Das ist auch der Grund, weshalb der Querdenker in weit größerem Ausmaß als der Macher auf ein Team angewiesen ist. Ja, er ist ganz grundsätzlich ein Manager des Teams und ein ausgezeichneter Förderer des Teamgeistes, weil das in seinem ureigensten Interesse ist.

Andererseits ist er zuweilen unbequem: Sein ausladender Trichter bringt es mit sich, daß für das Team nicht immer sofort ersichtlich ist, wohin die Reise gehen soll, was zu Verunsicherung führen kann, nicht aber Orientierungslosigkeit bedeutet: Der Trichter faßt zwar ungeheuer viel, nimmt aber nicht wahllos auf, sondern selektiert und verarbeitet dabei auch.

Mit anderen Worten: Eine gewisse Orientierung ist da, auch wenn das Ziel meist noch nicht genau definiert ist. Das fordert vom Team ein großes Maß an Verständnisbereitschaft, Interpretationsfähigkeit und Kreativität.

Das Team des Machers dürfte mit anderen Problemen zu kämpfen haben: Wo kurzfristig Spektakuläres bewiesen werden muß, wird die Fähigkeit zu denken und mitzudenken wenig gefördert, vielleicht sogar im Keim erstickt. Alle Hoffnungen richten sich auf den Mann an der Spitze.

Es liegt mir fern behaupten zu wollen, der Querdenker sei besser als der Macher oder irgendeine andere Ausprägung der Gattung Manager. Ich bin auch überzeugt, daß zwei Macher zusammen nicht doppelt Spektakuläres leisten, genausowenig wie zwei Querdenker doppelt Phantasievolles. In der heute so komplex gewordenen Welt mit ihren riesigen Herausforderungen braucht es eine wohlbedachte Mischung unterschiedlicher Managertypen, die sich komplementär ergänzen sowie tolerant genug und motiviert sind, um mit Ausdauer am gemeinsamen Ziel zu arbeiten.

Das impliziert eine Philosophie des «Sowohl-Als-auch», die in unserer rationalisierten Welt, wo man sich alleweil des scheinbar bequemeren «Entweder-Oder» bedient, einen schweren Stand hat: Es ist heute kein einfaches Unterfangen, dem Publikum nahezubringen, daß das «Prinzip des Regenbogens», die Gleichberechtigung aller Farben des Spektrums, große Vorteile birgt gegenüber dem Prinzip der Scheuklappen, das letztlich gleichsam blind für die Farben macht, weil es immer wertend für nur schwarz, nur weiß, nur grün, nur blau etc. plädiert.

Ich bekenne mich zu einer offenen Kommunikationskultur. Sie ist der Boden, auf dem Inspiration, Visionen und Motivation gedeihen.

Ich plädiere für Intuition im Management, und vielleicht kann ich den Querdenker auch so definieren: Ein Querdenker ist, wer seine Intuitionen nicht zu zügeln sucht, sondern sich davon führen läßt, indem er immer auch dem ganzen weiten Umfeld und dessen Reaktionen Rechnung trägt.

Bedenken wir, daß das Zeitalter des Rationalismus nicht mehr als rund 300 Jahre jung ist. In diesem Zeitraum hat die Wissenschaft ungeheure Fortschritte gemacht und – uns ebenso ungeheure Exzesse beschert: in der Technologie, beim Konsum, in unserem Verhältnis zum Geld, bei der Konzentration von Macht in den Händen weniger etc.

Wollen wir zu einem Gleichgewicht zurückfinden, dann muß der Intuition auch bei Führungskräften zu ihrem Recht verholfen werden – auch wenn dies vielen auf der Vorstandsetage bestenfalls ein verächtliches Lächeln entlocken wird.

Ich fürchte allerdings, daß unsere Ausbildungsstätten heute gerade die Techniker immer noch viel zu sehr in der Tradition des rationalen Zeitalters ausbilden. Und diese Ausbildung befähigt sie eben nicht, mit komplexen Systemen fertig zu werden.

Die Wirtschaft fördert und bevorzugt seit mindestens einem Jahrhundert Qualitäten wie Aktivität, Entschlossenheit, Strukturiertheit, Souveränität. Es heißt, das seien Männereigenschaften.

Weniger hoch im Kurs stehen Qualitäten wie die Fähigkeit, seinem Tun einen Sinn zu verleihen, Flexibilität, Anpassungs-, Aufnahme- und Kommunikationsfähigkeit und nicht zuletzt Intuition. Es heißt, das seien Fraueneigenschaften.

Jeder Mensch aber verfügt im Grunde seines Wesens über Ansätze zu all den genannten Eigenschaften. Erziehung und soziales Umfeld haben nur über Jahrzehnte hinweg eine ausgeglichene Entwicklung der sogenannten männlichen und der sogenannten weiblichen Qualitäten verhindert.

Die Zukunft, davon bin ich überzeugt, wird uns ein anderes als das bisher gewohnte Lebensmuster abverlangen. Die Lebensetappen der meisten von uns folgten einem chronologisch geordneten Ablauf.

Wir haben eine Schule besucht, danach studiert oder eine Lehre gemacht. Wir haben uns für einen Beruf entschieden und einen Job gesucht und gefunden bei einer Firma, bei der man meistens bis zur Pensionierung blieb. Diese sicheren und überschaubaren Verhältnisse sind schon seit einigen Jahren für einen großen Teil der Arbeitnehmer zerbrochen. Die kommenden Jahre werden uns allen mehrfache berufliche Neuorientierungen und damit ein erheblich größeres Maß an Flexibilität abverlangen.

Als ich diese Annahmen auf einer Tagung der Evangelischen Akademie in Bad Boll ausführte, schlug eine Teilnehmerin in der anschließenden Diskussion vor, doch mehr Frauen einzustellen, denn die Frauen verfügten längst über diese künftig unerläßliche Beweglichkeit: Sie studieren, heiraten dann und bekommen Kinder. In den meisten Fällen unterbrechen sie zu diesem Zeitpunkt ihre berufliche Tätigkeit, um sie in einem späteren Lebensabschnitt wiederaufzunehmen. Ihr Leben lang müssen sie sich mit der Komplexität ihres Daseins auseinandersetzen, um Beruf und Privatleben

– Kinder und nicht zuletzt den Ehemann! – unter einen Hut zu bringen.

Es dürfte schwerfallen, diesen Einwurf zu widerlegen. Er ist so binsenwahr, daß es gleichsam banal scheint, davon zu reden. Aber nichtsdestotrotz: Man weiß das alles, es ist nicht zu übersehen, und dennoch wird in der Wirtschaft dem Potential dieser modernen Flexibilität weiblicher Arbeitnehmer kaum Rechnung getragen. Schon auf der mittleren Führungsebene sind Frauen kaum vertreten, von der Chefetage ganz zu schweigen. Warum? Warum habe auch ich sowenig Frauen gefördert?

Anfang der neunziger Jahre machte mich ein Kollege des Clubs of Rome aufmerksam auf ein Buch von der amerikanischen Anthropologin Riane Eisler. Die Lektüre von «The Calix and the Blade» (dt.: «Der Kelch und das Schwert») hat mich fasziniert. Riane Eisler zeigt in ihrem Buch, daß die menschliche Gesellschaft vor einigen tausend Jahren weder die Dominanz der Männer (Androkratie) noch diejenige der Frauen (Matriarchat) kannte. Sie erbringt den Nachweis einer gleichberechtigten Rollenverteilung, die ihr Ende fand, als der Mensch das Metall und dessen Verwendbarkeit entdeckte, als die Männer damit begannen, Werkzeuge zu bauen und – Waffen. Damals erst – so Eisler –, mit der sogenannten Ersten Technischen Revolution, entstand die durch das Prinzip der Herrschaft charakterisierte Gesellschaft: Mann ist seither unablässig dabei, etwas erobern zu müssen, egal ob Natur, Frau oder Geschlechtsgenossen. Sollte diese maskuline Dominanz die Gesellschaft und die moderne Technik auch künftig prägen, dann müssen wir ernsthaft um das Überleben der Menschheit fürchten.

Riane Eislers Buch weist einen anderen Weg und bringt zu diesem Zweck ein neues Wort ins Spiel: «Gylanie» (von griechisch Gynä – die Frau im Gegensatz zu Anä – der Mann), eine Gesellschaftsform, in der die Rollen zwischen Männern und Frauen ausgleichend verteilt wären.

Noch sind wir Zeitgenossen weit davon entfernt. Gerade nach dem Fall der Berliner Mauer und der Öffnung des ehemaligen Ostblocks in Richtung freier Marktwirtschaft erkennen viele, daß weder Kapitalismus noch Kommunismus in ihren gegenwärtigen Erscheinungsformen einen Ausweg bieten aus den wachsenden ökonomischen und politischen Problemen unserer Zeit. Beide Systeme funktionieren nach den Regeln der männlichen Dominanz, und ebendeshalb funktionieren sie im Grunde gar nicht. Erst wenn die Androkratie endgültig abgedankt hat, wird ein politisch und wirtschaftlich gerechtes System in den Bereich des Möglichen rücken.

Gemeint ist damit mehr als ein größeres Maß an Toleranz im Zusammenleben, nach der so viele Stimmen immer wieder rufen. Toleranz läßt den anderen mit seiner abweichenden Meinung gelten. Rosa Luxemburg hat dafür ein überzeugendes Wort geprägt – Freiheit sei immer die Freiheit des Andersdenkenden. Doch so verstandene Toleranz, die an sich schon hohe Ansprüche stellt, reicht nicht aus. Wir müssen einen weiteren Schritt nach vorne tun und den anderen als Partner gewinnen für unterschiedliche Interessen überwindende, gemeinsame Ziele. Ein solches Ziel kann so allgemein und scheinbar fern sein wie etwa das Zusammenleben aller in Frieden und Freiheit oder die Beseitigung von Not und Elend auf unserem Planeten, oder es kann so besonders und nah sein wie etwa das gemeinsame Handeln mit dem

Menschen neben mir, meinem Nächsten. Partnerschaft heißt für mich ethische Verantwortung und die ständige Suche nach Gemeinsamkeiten sowie die Anerkennung und Einhaltung von Regeln. Partnerschaft ist aber auch die beste Voraussetzung für erfolgreiche Konfliktbewältigung.

Die Tatsache, daß wir in einer von Männern und männlichen Idealen und Zielen geprägten Gesellschaft leben, verzerrt die Wahrnehmung der Probleme und die Perspektive auf ihre wirksame Lösung. Ein neues Verhältnis der Geschlechter ist die unerläßliche Voraussetzung für die Verwirklichung einer friedvollen und partnerschaftlichen Zukunft.

Der bescheidene Manager

Es liegt mir fern, meinen eigenen Führungsstil zu beurteilen. Dafür sind andere zuständig. Ich habe nie die Mühle einer Managerschule durchlaufen, und das hat meine Sicht der Dinge geprägt. Ich kann deshalb die Arbeit derjenigen, die heute an Managerschulen unterrichten, auch gar nicht umfassend in Zweifel ziehen. Ein guter Manager kann durchaus, muß aber nicht zwingend, aus einer Managerschule kommen.

Aber ich glaube, daß an den Managerschulen heute allenthalben ein kapitaler Fehler gemacht wird: Man lehrt die Studenten, ein guter Manager müsse eine feste Vorstellung von Unternehmensführung haben. Ein Unternehmen ist aber sehr unberechenbar, so unberechenbar wie die Menschen, die darin tätig sind. Deshalb steht und fällt meiner Ansicht nach die Qualität des Managements mit der menschlichen Qualität und der Flexibilität derjenigen, die die Führungsverantwortung tragen.

Weil ich ohne Managerdiplom keine verbindliche «Methode» der Unternehmensführung aus der Tasche ziehen konnte und weil ich mich immer wieder mit der Unternehmenskultur einer anderen Firma konfrontiert sah, war ich zwangsläufig sehr auf mein jeweiliges Umfeld angewiesen. Ich hatte auch keine bestimmte Methode, die ich von einer Firma auf die andere hätte übertragen können. Es ist ohnehin töricht zu glauben, daß die Methode, die in einem Unternehmen die Mitarbeiter motiviert und zu Erfolgen geführt hat, mit den Mitarbeitern eines anderen Unternehmens genauso funktioniert.

Ich habe im Laufe meiner Karriere viermal das Unternehmen gewechselt und mir so ein Bild von den unterschiedlichsten Managementstilen machen können. Und es ist müßig zu fragen, ob die Manager von Ford besser als die von Volkswagen oder die von Volkswagen besser als die von Opel seien, oder alle drei gar besser als die von Renault oder General Motors oder Toyota. Bei jedem Wechsel habe ich am eigenen Leibe erfahren, wie notwendig der Manager sich der Kultur seines jeweiligen Unternehmens anpassen und als Neuling dafür eine Zeit des Lernens akzeptieren muß.

Zum Thema Management gibt es eine ganz Flut von Büchern, die alle versprechen, die Büchse der Pandora zu öffnen und mit ihrem spezifischen Paradigma alle Probleme der heutigen Arbeitswelt zu lösen.

Diese Modewelle erinnert mich an ein Wort von Coco Chanel: «Mode ist, was altmodisch werden kann.» Und in der Tat unterliegen viele dieser Bücher den Konjunkturen des Zeitgeistes und sind nicht mehr als eine Eintagsfliege. Diese Art von Literatur hat eher Verwirrung gestiftet und der Entwicklung hin zu einer Verbesserung des Managements mehr Schaden als Nutzen gebracht, weil sie verspricht, was es eigentlich gar nicht gibt: eine Managementphilosophie.

Es gibt kein Allheilmittel für eine sich rasant verändernde

Arbeitswelt und ihre Probleme; es gibt keine gemeinsamen Nenner für die Führung eines Unternehmens auf Island oder Java; es gibt kein Rezept für die sofortige Zeitigung von Erfolgen. Es gibt nicht die schnelle Lösung, nach der so viele bei Experten und in analytischen Prognosen suchen. Für komplexe Zusammenhänge in einer ständig sich im Wandel befindenden Welt gibt es keine Patentlösung. Jede dogmatische Sichtweise ist fatal und die Suche nach Gewißheit ein Schritt in die falsche Richtung.

Unter den Bedingungen einer anderen Kultur, einer anderen Geschichte, heißt Management auch jeweils etwas ganz anderes. Theorie und Praxis des Management sind in Caracas oder Tokio anders als bei uns und können in unseren Breitengraden nicht einfach so rezipiert und den Menschen ohne weiteres aufgepfropft werden. Nach meiner Erfahrung ist das beste Management dasjenige, das seinem eigenen sozialen Umfeld und seiner eigenen Geschichte in ihrem ganzen Facettenreichtum Rechnung trägt.

Es gibt bestenfalls eine Reihe praktizierbarer Grundelemente, fast wie beim Lego-Spiel: die bunten und unterschiedlich geformten Steine ergeben, jedes Mal anders zusammengesetzt, am Ende ein sehr unterschiedliches Gesamtbild.

Ich weiß, ein so banales Bild, zudem noch der Welt der Kinderspielzeuge entnommen, paßt nicht in die mythische Inszenierung die wir, die Protagonisten und auch die Medien, in der Welt des Topmanagers zu sehen meinen.

Von einem guten Manager erwartet man vor allem Anpassungsfähigkeit als eine der wichtigsten seiner Charaktereigenschaften. Viel zu viele aber sind sich nicht bewußt, daß sie Anpassungsfähigkeit sagen und Unterwerfung meinen.

Der beste Manager aber lehrt seine Mitarbeiter nicht, *wie* sie denken sollen, sondern *daß* sie denken müssen. Er versteht nicht nur wirtschaftliche Zusammenhänge, sondern die kulturellen, sozialen, historischen, politischen und internationalen Aspekte des Lebens und der Gesellschaft. Deshalb sollten auf jedem Managerlehrplan auch die freien Künste und die Geisteswissenschaften stehen. Erst unter solchen Umständen könnte ich mir auch langfristig eine Annäherung und ein besseres gegenseitiges Verständnis der Manager aus Japan, Amerika und Europa vorstellen.

An einer Stelle bei St. Exupéry heißt es, man brauche für den Bau eines Schiffes nicht unbedingt die besten Handwerker, man müsse vielmehr den Handwerkern, die man habe, die Sehnsucht nach dem großen weiten Meer zu vermitteln wissen. Schöner kann man nicht beschreiben, was für mich auch Management immer gewesen ist: eine Angelegenheit der Kommunikation und der Motivation mit dem Ziel, statt fixe Orientierung den Sinn für die Sache und die Identifikation mit der Arbeit zu fördern.

Die Motivation der Mitarbeiter aber ist weitgehend von der Struktur des betreffenden Unternehmens bestimmt.

Eine Armee ist nach dem Prinzip der unterschiedlichen Grade strukturiert. Da sind die Offiziere, die Unteroffiziere und die Soldaten, die als Einheit je ein eigenes gruppenbezogenes Motivationsverständnis haben. Alle aber haben als Angehörige der Armee ein- und dieselbe Aufgabe, das Vaterland zu verteidigen. Ein internationales Industrieunternehmen funktioniert um ein Vielfaches komplexer.

Der familiäre, kulturelle und nationale Hintergrund jedes einzelnen Mitarbeiters und folglich konventionelle und sprachliche Differenzen spielen eine Rolle. Bildung und Ausbildung sind ein anderer Aspekt: Ein Großunternehmen beschäftigt die ganze breite Palette von der angelernten Hilfskraft bis zum hochqualifizierten Topingenieur, und jede Mitarbeitergruppe hat ihre eigene Identität.

In einem solchen Betrieb kommt der Kommunikation eine Schlüsselfunktion zu.

Geht es darum, die Motivation der Mitarbeiter zu erhöhen, gilt es zunächst und in erster Linie, die Kommunikation mit und unter ihnen zu verbessern. Natürlich ist Motivation mehr als nur Kommunikation. Doch die Lösung von Kommunikationsproblemen ist conditio sine qua non, um auch Motivationsprobleme in den Griff zu bekommen.

Jeder Mitarbeiter hat das Recht auf Information und muß am Kommunikationsfluß teilnehmen dürfen. Das ist Voraussetzung für sein Engagement.

Für die Vertrauens- und Glaubwürdigkeit der Information ist entscheidend, welche Art von Informationspraxis im Betrieb gepflegt wird. Um jeglichem Anschein einer Manipulation durch das Topmanagement vorzubauen, sollte so offen wie möglich informiert werden.

Wenn man davon ausgeht, daß der Mensch die entscheidende Rolle in einem Unternehmen spielt und nicht das System, dann muß man auch akzeptieren, daß jeder auf seinem Niveau nur über einen Teil der Unternehmenswahrheit verfügt. Auch der Spitzenmanager.

Der gute Manager muß deshalb zuhören können und, kann er auf einen bestimmten Rat nicht hören, erklären warum. Aus Angst, das Gesicht zu verlieren, ist das allerdings für viele, die seit zwanzig Jahren nur in einem hier-

archischen System zu denken und zu handeln gewohnt sind,
oft unmöglich.

Der Fall Mercedes illustriert, soweit ich das aus der Perspektive des Außenstehenden sehe, sehr deutlich die grund-
legende Schwäche des hierarchischen Systems. Als in diesen
Tagen das Unternehmen Verluste meldet, kennt und be-
nennt alle Welt auch sogleich den Sündenbock, der dafür
verantwortlich zu machen ist: der Vorstandsvorsitzende Edzard Reuter und seine Philosophie, verschiedene Unternehmen zu einem großen Technologiekonzern zu integrieren.

Ich bin bestimmt nicht der einzige, der mit Befremden
jene Ergüsse schärfster Kritik liest und hört, die ausgerechnet
aus der Feder und dem Munde derjenigen fließen, die zuvor
die Philosophie Reuters hoch gelobt und zu unterstützen
vorgegeben haben.

Ich finde die Einwände, die gegen Reuter erhoben werden,
wenig überzeugend. Daß die Zukunft – zumindest in vielen
Branchen – den Großkonzernen gehört, ist heute fast schon
ein Gemeinplatz. Und Edzard Reuter hat nichts anderes versucht, als ein solches weltweites «Imperium» aufzubauen
unter Berücksichtigung einer möglichst optimalen Entwicklung integrativer Konzepte und vernetzter Technologien im
Bereich aller Verkehrsträger – der Bahn, des Automobils, des
Flugzeuges, der Elektronik. Auf lange Frist gesehen, hätte
das dem Unternehmen hohe Gewinne einbringen können.

Aber Reuter muß sich fragen lassen, ob er vielleicht zu
wenig getan hat, um seine Vision auf allen Ebenen des Unternehmens zu erklären und zu verbreiten; ob er nicht sein
Augenmerk und seine Energie stärker auf die Identifikation
jedes einzelnen mit dieser Vision hätte richten müssen.

Eine gute Idee oder ein tragfähiges Konzept, die von oben kommen, werden nicht schon deshalb auch von allen mitgetragen. Eine Vision kann aber ein Riesenerfolg werden – trotz Währungsschwierigkeiten und Konkurrenz –, wenn an ihrer Umsetzung an jedem Arbeitsplatz mit Begeisterung und Überzeugung gearbeitet wird.

Ich kann mir lebhaft vorstellen, wie oft die Manager in Reuters Umgebung zustimmend mit dem Kopf genickt haben, auch wenn ihnen in Wahrheit die Haare zu Berge standen. Hätten sie das Risiko auf sich genommen und den Mut gehabt auszusprechen, was sie dachten, das Unternehmen würde heute mit an Sicherheit grenzender Wahrscheinlichkeit einen leicht veränderten Kurs steuern, wäre aber seiner Grundphilosophie treu geblieben. Wir brauchen endlich Führungskräfte, die den Mut haben zu sagen, was sie denken und was sie empfinden – auch wenn dies Widerspruch gegenüber dem obersten Chef bedeutet.

Ich möchte gar nicht in Zweifel ziehen, daß viele Manager den Dialog mit Mitarbeitern und Mitarbeiterinnen aller Ebenen nicht nur suchen, sondern auch führen und sich am Fließband oder in den Werkstätten mit ihnen unterhalten. Ich zweifle aber, wie dies geschieht. Wenn Kommunikation als Einbahnstraße von oben nach unten begriffen wird, als eine Art human engineering, bei dem die Entscheidung oben immer schon getroffen ist und durch Gespräche nach unten nur abgesichert werden soll, dann wird Kommunikation nur als kosmetisches Schmiermittel eingesetzt. Sie bleibt so ein Instrument der Hierarchie und dient vor allem dem Zweck, den Willen dessen an der Spitze eines Unternehmens bis zur untersten Ebene durchzusetzen. Das bedeutet Abhängigkeit

derer da unten von denen da oben – keine besonders motivie-
rende und stimulierende Situation.

Im Gegensatz zur derzeit verdächtigen Tendenz zum angeblich unvermeidlichen Abbau von Hierarchien gehe ich
davon aus, daß wir Hierarchien brauchen. Ich glaube nicht,
daß ein Unternehmen nach einem drastischen Abbau seiner
Hierarchieebenen eine produktive, effiziente und erfolgreiche Zukunft haben kann.

Aber wir bedürfen einer neuen Definition von Hierarchie.
Sie muß sich als Teil einer Gesamtstruktur begreifen, die
dialogisch orientiert ist. Die Mitarbeiter müssen wissen und
sicher sein können, daß da oben genau so auf sie gehört wird,
wie von ihnen verlangt wird zuzuhören.

Es gibt doch kaum etwas Frustrierenderes als das Gefühl,
daß die tagtäglich am Arbeitsplatz gemachten Erfahrungen
niemanden interessieren und von keinem Menschen ernst
genommen werden. Dabei liegt gerade in diesen Erfahrungen ein ungeheures Kapital, vorausgesetzt, es wird genutzt.

Vom Management verlangt dies ein erhebliches Maß an
Bescheidenheit – eine Tugend, an der, so fürchte ich, heute
auf den Chefetagen ein besonderer Mangel herrscht.

Ein bescheidener Manager soll Stellung beziehen, aber er
soll nicht überreden, sondern erklären, und er soll ein Vorbild sein. Er muß aufrichtig mit und zu sich selbst sein und
auf jegliche Attitüden verzichten können – vor allem, wenn
er von der jungen Generation akzeptiert und respektiert werden will.

Der bescheidene Manager zeigt Schwächen, er verbirgt sie
nicht; er macht Fehler und lastet diese nicht anderen an. Fehler und Schwächen machen einen Teil unserer Daseinsbe-

dingung aus, auch in den Vorstandsetagen – wir wären sonst keine Menschen, sondern Monster. Der Manager, der darum weiß und dies bei sich und anderen akzeptiert, läuft nicht länger Gefahr, in seiner Position zu einer Kunstfigur zu erstarren, die eines Tages zusammenbricht, weil sie innerlich längst ausgehöhlt ist und auf die Dauer nicht aufrecht erhalten werden kann.

Ich glaube, daß das 21. Jahrhundert sich wieder dem Menschen und seinen eigentlichen Bedürfnissen zuwenden wird. Was Unternehmen heute planen und morgen investieren, sind die Ergebnisse von übermorgen und bestimmt die Rahmenbedingungen für unser gesellschaftliches Leben. Das bedeutet, daß Unternehmen die Gesellschaft nie aus den Augen verlieren dürfen. Nur durch eine neu zu belebende ethische Grundhaltung läßt sich ein Ausgleich zwischen den Ansprüchen aller herbeiführen.

Den Menschen wieder in das Zentrum unternehmerischer Politik zu rücken ist das eine. Über dem Großen darf das Kleine, das schwer zu machen ist, nicht vergessen werden. Nicht nur die Ziele, sondern auch die Methoden der Unternehmungsführung müssen sich ändern. Wer sich aufgrund einer Position zu der gesellschaftlichen Führungselite zählen darf, muß wissen, daß dieses Privileg auch ein höheres Maß an Verantwortung beinhaltet.

Ich kann mir lebhaft vorstellen, daß manche meiner Überlegungen zu einem anderen Selbstbild und Handeln des Managers wieder die hochmütig gehobene Augenbraue oder die verächtlich heruntergezogenen Mundwinkel bei einigen Vertretern des real existierenden Spitzenmanagements herausfordert. Sei es drum. Wir müssen uns Sisyphos als glücklichen Menschen vorstellen, hat Albert Camus geschrieben. Daran halte ich mich – irgendwann werde ich die Augen schließen und wissen, ich habe ziemlich wenig bewegt. Aber ich habe es zumindest versucht.

Himmlische Liebe, höllischer Hass. Lebensläufe berühmter Paare bei Rowohlt·Berlin:

James Woodall
John Lennon und Yoko Ono
Aus dem Englischen von Charlotte Breuer
160 Seiten mit zahlreichen Abbildungen. Gebunden
«Ich mußte mich entscheiden, mit den Beatles oder mit Yoko Ono verheiratet zu sein.» *John Lennon*

Alan Poesener
John F. und Jacqueline Kennedy
160 Seiten mit zahlreichen Abbildungen. Gebunden
Jack und Jackie – das ungekrönte Königspaar im Weißen Haus, die perfekte Verbindung von Macht und Glamour. Kaum eine Präsidentschaft war so brillant in Szene gesetzt – und kaum eine Präsidentenehe. Für die Öffentlichkeit spielten sie die liebenden Gatten und fürsorglichen Eltern. Privat blieben sie einander fremd. Krisen und Affären hatten die Ehe längst ruiniert.

Walter van Rossum
Simone de Beauvoir und Jean-Paul Sartre
160 Seiten mit zahlreichen Abbildungen. Gebunden
Zwei Köpfe, zwei Temperamente und ihr «Pakt fürs Leben»: Einer der aufregendsten Versuche, als Paar zu bestehen.

Dagmar von Gersdorff
Bettina und Achim von Arnim
160 Seiten mit zahlreichen Abbildungen. Gebunden

Christa Maerker
Marilyn Monroe und Arthur Miller *Eine Nahaufnahme*
192 Seiten mit zahlreichen Abbildungen. Gebunden
Mit der Hochzeit ging für beide ein Traum in Erfüllung. Viereinhalb Jahre später ist er ausgeträumt. Was ist Wahrheit und was Legende in diesem Drama?

Kyra Stromberg
Zelda und F. Scott Fitzgerald
Ein amerikanischer Traum
192 Seiten mit zahlreichen Abbildungen. Gebunden

Carola Stern
Isadora Duncan und Sergej Jessenin *Der Dichter und die Tänzerin*
176 Seiten mit zahlreichen Abbildungen. Gebunden

Ein Gesamtverzeichnis aller lieferbaren Titel der Reihe «Paare» und aller lieferbaren Titel des *Rowohlt·Berlin* Verlags finden Sie in der *Rowohlt Revue*. Vierteljährlich neu. Kostenlos in Ihrer Buchhandlung.